我们从哪里来？我们走向何方？中国到了今天，我无时无刻不提醒自己，要有这样一种历史感。

——习近平

摘自习近平总书记在北京会见第二届"读懂中国"国际会议外方代表时的谈话（《人民日报》2016年1月5日）

读懂中国

读懂中国丛书

编委会：
  主 任：郑必坚
  副 主 任：杜占元 李君如 徐伟新 陆彩荣
  委 员：（按姓氏笔画排序）
      王博永 冯 炜 吕本富 朱 民
      邬书林 牟卫民 杜占元 李君如
      陆彩荣 陈 晋 周明伟 胡开敏
      徐伟新

编辑部：
  主 任：王博永
  副 主 任：冯 炜 胡开敏
  成 员：史小今 谢茂松 宋雨微 于 瑛
      曾惠杰

读懂中国丛书

世界怎么办？
共话人类命运共同体

赵建国 主编

总 序

郑必坚

读者面前的这套丛书，有一个总题目，叫作：读懂中国。

为什么要提出"读懂中国"的问题呢？

你看，当今世界发生的变化，可谓天翻地覆，令人目不暇接。最大的变化，莫过于中国。

从20世纪中叶新中国成立以来，特别是最近这40年时间，就使一个多达十三亿多人口的贫穷落后的东方大国，实现了跨越式大发展，迅速成为世界第二大经济体。

人们自然会问：在中国，究竟发生了什么事情？中国快速发展的奥秘究竟是什么？

人们自然也会问：一个正在强起来的中国，和世界怎么相处？

于是乎，问题套问题，疑虑叠疑虑，"中国威胁论""中国崩溃论"，"修昔底德陷阱""中等收入陷阱"，这"论"那"论"，这"陷阱"那"陷阱"，纷纷指向中国。

毫无疑问，中国人应当坚定不移地走自己的路，把自己的事情办好。而这本身就包含着，为了回答人们的关切、问题和疑虑，必须做好一件事："读懂中国"。

为此，由我主持的国家创新与发展战略研究会发起，联合中国人民外交学会，和国际知名智库21世纪理事会合作，在2013年11月和2015年11月先后举办了两届"读懂中国"国际会议。

这两次重要的国际会议，得到了中共中央总书记、国家主席习近平的重视和支持，亲自到会同与会外国嘉宾座谈。国务院总理李克强和副总理张高丽分别出席了第一届和第二届会议，并在会上作了开幕演讲。中共中央和国务院许多部门的领导同志，也到会同来自世界各国的政要和专家学者进行面对面的交流，回答大家提出的问题。

会议取得的成功，给我们的最大启示是：只要直面问题，只要心诚意真，只要实事求是且生动具体地讲好中国故事，讲好中国共产党的故事，讲好中国和世界相处的故事，将大有利于关心中国的人获得新知，怀疑中国的人逐步释惑。

为此，我们设想，把"读懂中国"的国际会议搬到书本上，搬到视频上，搬到网络上，在更大的场合，用更加生动的形式，回答人们的关切、问题和疑虑。

这一设想，不仅得到了有关部门的大力支持，不仅得到了中国外文局和外文出版社的大力支持，而且得到了一批对这些问题有亲身实践经验和较深研究的专家学者和领导同志的大力支持，为丛书撰稿。

这就是读者面前这套丛书的由来。现在编辑出版的还只是这套丛书的第一辑，以后还会有第二辑、第三辑以至更多的好书问世；现在这一辑主要是中国作者的作品，以后还会有其他国家作者的作品。

不仅是丛书，以后还会有配套的电视专题片和网络视频，陆陆续续奉献给大家。

在我们看来，"读懂中国"，包括"读懂中国共产党""读懂中国和世界的关系"，是一个宏大的事业。

让我们共同以极大的热情，来关注这一事业、参与这一事业！

二〇一八年三月

总 序 二

郑必坚

在全国人民共同庆祝中国共产党成立100周年之际，我们的"读懂中国"丛书第二辑又摆在了读者的面前，外文版也将在近期面世。

2018年，"读懂中国"丛书第一辑（中英文版）在第三届"读懂中国"国际会议上举行首发式，几年来，我们陆陆续续收到读者的反馈，无论是有关部门的领导，还是专家、学者、媒体人士，以至我们的海外读者们，都对我们的丛书给予了高度评价。在此，向你们表示衷心的感谢！正是你们的关心和关注，才使得我们的丛书更有分量、更显智慧、更具价值。

为什么要组织编写"读懂中国"丛书呢？对于这个问题，我在丛书"总序"中已经给读者作了解答。在这里我想强调的是，在2015年由国家创新与发展战略研究会、中国人民外交学会和21世纪理事会共同举办的第二届"读懂中国"国际会议上，习近平总书记在同外方政要和专家学者座谈时讲到"读懂中国"是向世界介绍中国的一个很好的平台，他还说："我们从哪里来，我们走向何方？中国到了今天，我无时无刻不提醒自己要有这样一种历史感。"事实上，中国从哪里来、中国走向何方，也是人们长久以来对中国这个世界第二大经济体所提出的问题和疑虑。于是，我萌生了组织各方面专家学者编写"读懂中国"丛书的想法。

"读懂中国"丛书都讲了些什么？在中国特色社会主义已经进入新时代的今天，要"读懂中国"最重要的自然就是要读懂新时代的中国，而要读懂新时代的中国，最重要的自然就是要读懂习近平新时代中国特色社会主义思想。因此，国家创新与发展战略研究会在中央领导的肯定和有关部门的指导下，在中国外文局和外文出版社的大力支持下，邀请了一批有丰富实践经验、并对中国问题有着深刻观察和研究的专家学者，就习近平新时代中国特色社会主义思想和改革开放四十多年所走过的道路，特别是中共十八大以来习近平同志为核心的党中央治党治国治军的重要决策、重大进展及面临的新形势新挑战等海内外关注的焦点问题作出专门论述。

"读懂中国"丛书有什么值得推荐的吗？我以为，需要特别指出的至少有这么两点：一是内容上的实事求是，二是风格上的生动具体。"实事求是"是指我们的作者努力向大家展示一个真实、立体、全面的中国；"生动具体"是指纳入丛书的这些论著，不仅凝结着作者多年一贯的学术思考，而且展现了一个又一个有画面感的故事，毫不晦涩、毫不做作。

"讲好中国故事，讲好中国共产党的故事，讲好中国和世界相处的故事"，是帮助"关心中国的人获得新知，怀疑中国的人逐步释惑"的最好方式。我们是这么想的，也是这么做的。

"读懂中国"丛书第一辑获得广泛关注，让我们感到，这件事我们是做对了，我们抓"读懂中国"这个主题抓对了。特别是站在"两个百年"历史交汇点的今天，面临大变局、大考验，中国更要推动"读懂中国"这个宏大事业，包括"读懂中国共产党""读懂中国和世界的关系"，从而逐步实现"大合作"。

这个事业不容易，但值得干。希望越来越多的朋友加入我们的事业，且给我们以指教。让我们一起努力！

二〇二一年六月

编 委 会

主　编： 赵建国

编　委：（以姓氏音序排列）

郭　林　刘文嘉　刘　箴　谈莉敏

王　镭　王斯敏　吴　娜　肖连兵

邢宇皓　余晓葵　张业清

目　录

第一章　疫情下的世界经济复苏 / 1

　　全球疫情及其应对：经济、安全及认同 / 3
　　勾勒疫情后的经济复苏 / 9
　　以协同和韧性应对世界经济的不确定性 / 12

　　● 对　话

　　多边合作：抗疫成功和经济复苏的关键 / 18
　　我们比以往任何时候都更需要世贸组织 / 24
　　中国的经济增长有利于全球稳定 / 33
　　疫情后的经济复苏和发展从何处发力 / 37

第二章　疫情催生全球治理变革 / 47

　　疫情是对国际政治体制前所未有的考验 / 49
　　全球治理须在合作中升级 / 54
　　全球协力合作，让危机催生变革、成长和进步的机会 / 58

　　● 对　话

　　全球疫情中的文化关切：治愈之力、复苏之力、激励之力 / 65
　　共塑疫后世界：更平等的全球化　更平衡的文明 / 74
　　人类社会须在疫情应对中塑造共赢未来 / 83
　　疫情带来"政府的回归"，呼唤共同发展 / 101

第三章　疫情下的国际冲突与合作 / 111

疫情的历史性启示：团结而非树敌 / 113
世界可以在危机中相互学习和合作 / 116
"中国是多边主义的拥护者和践行者" / 120
"多边主义应该有哪些核心要义" / 122

● 对 话

团结共进须成为国际关系的主流态度 / 126
人类的未来属于多边合作 / 132
"我们应当积极参与多边主义的重建" / 141
我们生活在同一个星球，就必须一起应对共同的挑战 / 146

第四章　后疫情时代：构建人类命运共同体 / 157

后疫情时代：更加双赢的全球化 / 159
在疫情中认知相互依存的世界 / 163

● 对 话

疫情后的世界须就人类命运达成共识 / 167
世界需要对我们共同命运的真正觉悟 / 175
学会把自己视为全球命运共同体的一员 / 185
解决共同问题是人类命运共同体的责任和价值 / 195
共同发展——通往新的充满力量的世界 / 205
1921·1971·2021 国际秩序、人类命运与中国角色 / 215

第一章

疫情下的世界经济复苏

全球疫情及其应对：经济、安全及认同

2020 年 4 月 20 日

韦爱德（Edwin A. Winckler）◎美国哥伦比亚大学退休高级研究员。

经　济

在经济方面，核心内容是商品和资本的跨国流动，也包括人员、思想和情感的跨国流动。经济全球化意味着涉及跨国流动的国民经济活动所占比例的增加，经济去全球化则意味着上述比例的减少，一些经济活动回归国家内部。多数观察人士预计，从中期看，这场疫情至少会导致某种程度的经济去全球化，而一些作者预计，从长期来看，全球化将强势回归。疫情时间越长，国家化反应越剧烈，去全球化程度可能会越严重。

至于持续时间，是否会像所有人希望的那样，出现一场短暂的疫情，导致短暂的 V 型衰退？还是较长时间的疫情和复苏，像 2008 年金融危机那样，呈现 U 型？或是健康和经济都像 20 世纪 30 年代的大萧条那样急剧下滑，呈 L 型，或者更糟？随着疫情的蔓延，专家们的预测更加悲观。4 月份时，形势变得"更糟"。摆脱危机的过程可能是 W 型的：在连续的经济复苏和新疫情之间长期振荡，结果逐步建立一种"新异常"。

一个实际的问题涉及对相关经济病症的准确诊断。主要问题是不是由生产中断引起的，可以通过调动人力来恢复吗？或者主要问题是需求不足，像在大多数衰退中那样，可以通过政府支出的"刺激计划"来弥补？或者主要的危险是重要经济机构崩溃的可能性，需要政府的"救助"，就像21世纪第一个10年后期的"大衰退"那样？或者主要问题是疫情广泛地破坏了普通人的就业和资产，需要在发生自然灾害时那样，通过政府补贴的紧急救济解困？当前的疫情造成了所有这些问题，加重了经济损害，使政策应对措施变得混乱。

许多作者指出，经济全球化带来了许多明显的好处，但也产生了许多隐藏的风险，现在的疫情暴露了这些风险。经济全球化被认为是安全的，因为在任何时候只有一些国家的经济会陷入衰退，最终会被其他仍然繁荣的经济体拉出泥潭。然而，当前的疫情正在同时摧毁所有经济体。与此同时，使全球贸易和旅行成为可能的全球交通基础设施，也使疫情在全球蔓延成为可能，它既帮助又阻碍了抗击疫情的努力。为了降低成本，企业将生产转移到低工资国家，而且有赖于在这些国家的生产能"及时"交付零部件和供应品。生产集中在少数几个国家，增加了这些国家的经济影响力。一些作者将由此产生的风险归咎于企业和政府未能认识到这些风险并采取行动避免，而不是全球化本身。

未来如何降低这些风险？国际贸易的主流理论仍然认为，人们不应该故意去全球化，因为贸易使全球福利最大化。一些人认为，即使可取，去全球化也不可能实现：生产链过于纠缠，生产者和消费者也过于纠缠其中。一些作者主张更多的"冗余"，创造多个供应来源。另一些人提倡选择性的"回流"，让关键产品的生产回归。一些作者长期以来一直主张，美国要尽可能多地让生产回归，以恢复制造业就业并保护国家安全。

安 全

在安全方面,核心内容仍然是基于当前军事能力和对未来联盟考量的民族国家之间的地缘政治关系。地缘政治全球化意味着把管理特定安全威胁(如世界大战和大规模杀伤性武器)的权力从国家委托给联合国安理会等国际机构。地缘政治去全球化意味着将特定安全威胁的管理从国际机构下放到更低的级别:区域或国家。

当前的疫情无疑是一种全球威胁,包括对各国安全的威胁,包括对军事安全的威胁。只要各国对有关的国际机构有信心,它们原则上就应赋予该机构更多的责任和资源,以此应对全球威胁。在各国对有关国际机构缺乏信心的情况下,它们实际上可能作出向国家一级召回责任和资源的反应。对当前疫情的实际反应主要是国家或次国家。随着中国对国际组织的影响力越来越大,中国与国际组织的互动越来越多,而美国对国际组织的使用却越来越少。没有国家的支持,国际机构本身就无法运作,因此它们与崛起的大国关系越来越密切,这让正在衰落的大国非常失望。

在地缘政治上,疫情和应对可能影响到短期的军事准备、中期的地缘政治冲突和长期的大国兴衰。在短期,疫情可能会使军事人员患病,从而削弱战备,应对措施是将他们转移到协助医务人员或警察等文职任务。到目前为止,军方自己否认有很多损害,并声称即使有一点损害,也仍然可以有效地发挥作用。然而,随着疫情的恶化,损害可能在地缘政治上变得重要。在中期,疫情和应对措施似乎可能加剧国际紧张局势,甚至可能导致一些军事对抗,但不会产生实际的军事冲突。

从长远来看,一些分析人士认为,这次疫情进一步质疑了1945年后美国对"国家安全"的整体定义:传统的军事防御是抵御其他大国传统军事威胁，特别是任何竞争超级大国的威胁。最近的威胁越来越"非传统"，如恐怖主义和疫情，传统的军队不能很好地防御。甚至一些美国军队的长期坚定支持者现在也呼吁彻底重新分配资源，从传统能力转向非传统能力。

更重要的是，这场疫情进一步对1945年后美国"自由国际主义"的全球战略提出了质疑。他们的理想是，在自由市场和自愿联盟等自由制度下，自主行为者能够"自下而上"产生最佳结果。现实情况是，要取得可接受的结果，需要美国"自上而下"的干预。苏联的解体让美国变得越来越单边主义，特朗普走向了自杀式的极端，严重削弱了美国的国际联盟。在疫情之前，国际主义者就已经认为特朗普的单边主义为中国创造了新的机会。疫情强化了这一论点。更广泛地说，国际主义者认为，这场疫情证实了美国需要联盟，美国无法独自对这场疫情做出充分反应；没有美国的引导，发达国家无法充分协调，而发展中国家仍然需要美国的援助。因此，美国未来外交政策的一个主要优先事项必须是重建美国的联盟。

认 同

本文中，"认同"意味着行为者如何定义自己和自己的忠诚。相关的概念包括个人的经验和情感、集体的价值观和规范以及国家的意识形态和文明。在全球一级，核心内容是民族国家之间的斗争，谁的价值和对"现实"的定义将在国际组织和世界公众中占上风。认同全球化意味着朝着共同理解的方向趋同，这可能源于共同的经历，也可能部分是由全球霸权强加的。认同去全球化意味着相互敌视的分歧，这种分歧可能源于不同的经历，也可能部分是由敌对势力之间的意识形态斗争所激发的。当前的疫情和应对措施当然是广泛共享的经验，但它们既可能引发相互同情也可能引发相互指责。大多数西方专家希望加强全球团结，但多数人预计民族主义会增强。尽管如此，当前的疫情正在引发公共卫生应对的一些全球化，因为一些国家率先采用新的"最佳实践"，而其他国家最终也会效仿这些做法。

一个主要的实际问题当然是疫情将如何影响美国和中国的相对实力。他们的反应会加速所谓的中国崛起和美国衰落吗？许多西方专家说"可能"，少数人说"肯定不会"。不管怎样，这场疫情已使"软"实力对"硬"地缘政治的结果越来越重要。中国对疫情的最终积极应对所取得的明显成功可能永久性地增强中国的软实力，这是中国积极寻求的一个机会。美国最初反应的灾难性失败——不可原谅的拖延、智力混乱、行政管理混乱、可耻的政治化，甚至令人厌恶的腐败——可能会永久性地削弱美国的软实力。

相反，如果中国的伤亡远大于已知，抑或中国经历一场疫情的回归，中国仍有可能失去一些软实力。中国的信息战略是传播公民和外国人可信的说法。美国目前还没有一个合理的信息战略。可以说，两国都需要让自己的声音与当前全球共同价值主张更好地保持一致。

疫情和应对措施会改变全球话语的条件吗？例如，改变"个人主义"与"集体主义"的意思和它们的比例？一些作者借助这种宽泛的文明对比来解释各国对疫情反应的具体差异。然而，两个类别里的国家的应对措施却大相径庭。另一些人坚持认为，更直接的解释是物质资源和体制安排、最近的经验和当前政治方面的具体差异。然而，文明价值观可能会影响具体的反应。例如，英美人的个人主义阻碍了英美两国领导人对公众澄清：在疫情的情况下公共健康与个人健康有何不同？一些英美作者开始澄清，民主强加的集体纪律如何能够将对个人权利的侵犯最小化。由于英美价值观是战后自由国际主义的基础，这种澄清可能会改变未来的全球话语。

然而，观念全球化可能会继续。尽管存在一些安全限制，但全球各地个人之间的直接交流仍可能促进更多的相互认同，尤其是通过分享疫情和应对的悲情经历。这场疫情已经促使科学家之间开展了密切的跨国合作，以分析其原因并创造治疗方法，这是任何疫情后世界的必要基础。

勾勒疫情后的经济复苏

2021 年 7 月 21 日

约瑟夫·斯蒂格利茨（Joseph Stiglitz）◎美国哥伦比亚大学教授，2001 年获得诺贝尔经济学奖，曾任美国总统经济顾问委员会主席、世界银行资深副行长兼首席经济学家，2011 至 2014 年任国际经济学协会主席。

面对新冠病毒，各国政府的首要任务是保护国民健康、全力遏制疫情。如果大量人群受到感染或面临感染风险，就无法保证全球经济的健康发展，人民健康是保证经济健康发展的必要条件。只有所有国家成功控制疫情，全世界才能从疫情冲击中恢复。因此，必须通过世界卫生组织以及通过建立专利池推进国际合作。疫苗国家主义既危险，也很愚蠢。

只有当所有国家走上经济复苏之路，世界经济才能得以复苏。因此，开展全球合作至关重要。在这方面，国际货币基金组织发挥了引领作用。二十国集团表示，应尝试使用所有工具，但发行 5000 亿美元特别提款权的呼吁未得到支持。而这一点很关键。

经济复苏的重点不应放在拾遗补阙上。此次危机暴露出私营部门和公共应急反应存在的弱点，以及收入、健康不平等带来的后果与不公。部分国家在疫情应对上做得远比其他国家好。其中，做得好的国家具有强大的凝聚力、强大的科研实力和强大的公共应急能力。在那些应急表现好的国家，民众了解他们的个人行为所产生的外部效应，而且公共领导力的发挥带来对社会负责的行为。

虽然当前由疫情引发的全球经济衰退与以往的经济衰退有所不同，在衰退深度和速度上达到了前所未有的水平，但它将很快转变成更为传统的经济衰退模式，即家庭收入受损，公司财务状况恶化，因破产导致组织资本和信息资本受损，各级地方政府或某些情况下政府采取紧缩性预算政策，因高度不确定性引发强烈的谨慎行为。

家庭、小企业、新兴市场和发展中国家面临的流动性约束将使问题变得更为严重，他们中许多将面临债务危机。虽然全球经济遭遇冻结，但金融业则不同。到目前为止，金融业甚至不愿暂缓债务偿还。这种暂缓还债是十分必要的。同时，各国需立即采取措施，按照2015年联合国大会压倒性通过的原则，建立更好的主权债务重组机制。央行提供的流动性支持至关重要，但这并不够，它不能替代强有力的财政支持。如果没有官方债权人和私人债权人之间的合作，新兴市场将面临巨大风险，危及全球经济的强劲复苏。

财政支持的数额要大，但也必须精心设计。现在不是担心赤字和债务规模的时候。短期内可能普遍存在的低利率意味着偿债成本将非常低，各国应发行长期债券。

在如此大规模的政府干预下，我们应勾勒后疫情时代的经济发展愿景：推动经济向更加绿色、更加知识型的方向发展，促进社会公平，加强国际合作，共同解决全球性问题，为应对下一轮疫情大流行做出更好的准备——我们曾忽视了早期的疫情预警。我们必须向被援助的企业附加条件，确保这一愿景得以实现。有了这样的愿景，有了各国政府的持续努力，有了全球合作，才能实现全球经济的强劲复苏。实现这一目标可能并不容易，很少有人认为经济会自行反弹。但是，有了这样的愿景，我们可以建立一个不仅是更为强大的经济，而且是一个更为公平的全球经济，它将更有能力应对我们面对的挑战。

以协同和韧性应对世界经济的不确定性

2020 年 7 月 24 日

伊日·帕劳贝克（Jiří Paroubek）◎曾任捷克共和国总理、捷克社会民主党主席，捷克互联网杂志《Vase věc》主编。

新冠肺炎疫情的迅猛来袭震惊了全世界，但这实质上是一场防御战。超载的地球正在抵御一场来自人类圈的攻击：人类滥用自己的新能力，试图从根本上改变地球的自然力量对比。我们必须尊重这一事实，才能找到解决问题的答案。基于同样的逻辑，罗马俱乐部联合主席桑德琳·迪克森·德克塞夫说："新冠病毒对整个世界的影响表明，整个地球、所有物种、所有国家和地缘政治任务都是紧密相连的。除新冠病毒外，气候变化、生物多样性减少和金融危机也没有国家边界之分。""乱砍滥伐、生物多样性减少和气候变化，都提高了疫情的风险。乱砍滥伐拉近了野生动物与人类的距离，增加了人畜共患病毒跨界传播的可能。为了发展自然导向型、公共福利型绿色循环经济，我们需要找到事情发生的诱因。"

拒绝团结的根源在于贪婪

在那些关注地球资源有限性的人看来，与当下聚焦于人类健康威胁相比，实际问题要多得多，但这么看问题太过宽泛。例如，谈到建设满足公共福祉的经济，我立刻注意到需要扭转近几十年的趋势：几十个最富有的家庭拥有世界一半的财富。但是，如果我们想要消除不可持续的社会不平等，参与全球合作的各经济体就不能采取"竞底"策略，即为了追逐利益，不惜采取低工资、减税和最具破坏性的监管。我们正开始感受到，单单以"底线"数字，即利润，来评估经济表现是多么具有误导性，因为在这样的利润后面是不可胜数的破坏。

我们眼下还没有针对新冠病毒的药方，但了解治疗"竞底"的药方却已有时日。例如，二十国集团会议、达沃斯世界经济论坛以及其他关注紧迫议题的场合，经常会讨论这些药方。不幸的是，这些讨论常常要么囿于学术层面，要么无法达成协调行动。单个公正的国家改变不了世界，尽管我并未低估榜样的力量。但是，要想得到更持久的改变，至少需要一群强大的、愿意合作的国家，利用其在世界经济中占比的分量，共同推动落实达成的解决办法。

正如布里埃尔·祖克曼或托马斯·皮凯蒂所建议的那样，唯有一个由经济强国组成的合作性群体，才能在更大范围内运用相同的税基和金融财富登记来干预诸如减税、逃税和避税天堂。这一群体会发现税收陷阱在哪儿，谁在逃避纳税义务，在哪儿逃避。然后，这个群体会采取共同的海关保护措施来打击避税天堂，以防止不公平竞争。拒绝团结起来解决共同面临的问题——其根源在于贪婪是经济活动的主要驱动力——将导致我们的星球开始变成地狱。

这些看似与疫情无关的话表明，当前危机的解决不仅有赖于集中力量于医学研究，以及以负责任的态度遵从流行病学家和卫生学专家的建议。正如任何重大变故一样，这也是一个带来根本改变的良好契机，可以警醒世人从更尖锐的角度看待环境压力。即便是世界上最自由的政府也开始断然采取一系列社会措施。

因此，以充分的社会关照和社会公道面貌出现的团结和公平，不仅是道德问题，更关乎人类的生存。当新冠病毒再一次向各国政府表明这一道理时，各国政府毅然抛却了紧缩政策之下对过高预算的忧虑，开始提供补贴或贷款担保，动用社会政策工具。其中，用得最普遍的是短时工作，即政府支付部分工资，以防私企因需求剧减而裁员。此举还有别的好处，它使我们想起进步左翼的梦想——全民基本收入。

韧性、灵敏度和应变能力

但如果一些国家只能在低水平上运用团结工具，也会导致不公平。这正是为什么欧盟特别是南欧国家倡议使用欧盟共同基金来为这些政策提供融资。不由国家预算提供资金，是因为自2008—2009年国际金融危机爆发以来，南欧国家始终没有摆脱政府债务的阴影。

在某些领域，已经采取了同样的步骤。欧盟委员会和欧洲议会支持欧洲央行与银行业合作，提高借贷的灵活性，特别是风险时期在向中小企业提供贷款方面采取更灵活的政策。根据欧盟委员会2005年6月29日发布的银行业一揽子计划，需要加快运用经济民主工具，如"员工项目"。这是一个新创的机会，受到威胁的企业可以关闭，或向雇员进行风险销售，企业由此变为雇员所有制或集体所有制。

关闭国家边界和保持社交距离不可避免地导致地方化盛行。疫情还加快了数字化的使用和机器人对人类的取代过程。印孚瑟斯的总裁、世界经济论坛委员会委员莫希特·乔希留意到很多这样的变化。他说："灵敏度、扩展性和自动化是当今工商新时代的关键词，拥有这些能力将是赢家。"

此次疫情凸显出数字化和远程合作的优势，将使我们重新评估和塑造消费、供应、互动和生产的模式。数字化和远程合作不是崭新的事物，现在正以分布式数字合作的形式，得到快速发展，并可以运用于远程全球生产中心。

政府引入全民基本收入要素，可使人们即使在生产过程中被取代，其福利也不会受损，政府这样的干预无意中加快了数字化趋势。这些中心可以规模不大且能够服务于本地化的需求。同时，较小规模的地方经济与当地人的购买能力更相适应，因而他们对经济民主化持开放态度。

更大规模的生产和地理的多元化，是构成韧性即抵抗力的要素。乔希强调指出，从长远来看，各行各业应当努力提高韧性和反应速度。为了提高韧性，我们要在供应链中逐步推广机器人自动化和人工智能，以减少接触，消除感染风险，降低对现场工人的依赖。在需要增加或减少生产的时候，更大规模的生产和地理的多元化还有助于应对需求的突然变化。

韧性、灵敏度和应对突发变化的能力是所有战略的核心。乔希总结说，各行各业需要搞清楚自己在哪些方面可以做得更强，哪些方面可以更加灵活。

人工智能并不意味着世界的分裂

后疫情时代的全球经济将会是什么样子？事实上，我们正在目睹一场针对不确定性所作的反应。早在2008—2009年金融危机期间，这种不确定性就已经在"超全球化"背景下出现，且程度越来越高。来自慕尼黑大学的凯末尔·基里克、慕尼黑工业大学及经济政策研究中心的达莉亚·马林这两位德国学者注意到了这一点。他们指出，早期的全球化实践（自20世纪50年代开始，将生产转向低成本国家）在"铁幕"消失和中国"入世"后，经历了大规模的扩张。交通革命即集装箱的广泛使用进一步推动了全球化进程。随着全球价值链的形成，我们开始步入"超全球化"阶段，该阶段仅在2008年金融危机期间中止过。在巅峰时期，全球价值链一度占到世界贸易增长的 60%。

经济学人智库报告指出，用机器人和人工智能来取代人类的强大动力并不是新近才出现的。报告认为，2011 年后，全球价值链的增长就已停滞，原因之一就是世界贸易不确定性的增加。在 2008—2009 年金融危机和 2012 年欧债危机期间，世界不确定性指数升高了 200%。根据该报告，世界不确定性指数主要是指不确定性或变化的表现频率。

2003 年非典暴发期间，世界不确定性指数增长了 70%。如果将世界不确定性指数与全球价值链数据联系起来，可以看出不确定性对富裕国家全球价值链的巨大影响。报告预计，新冠肺炎疫情可能导致不确定性增加 300%，相应地，全球价值链活动也将减少 35.5%。

世界经济的一个重大变化是制造业向富裕国家的回归。取代离岸的是其相反过程——回岸。新技术成本的下降正在彰显低廉工作的重要性。这将增加生产在附加值中的份额，但本身并不意味着对工人有利。报告认为，特朗普和新冠病毒都加快了世界劳动分工的变化，但真正的诱因却是 2008—2009 年的国际金融危机。

2014 年，韩国和日本是机器人行业的领导者，每 1000 名工人中约有 6 个机器人，而德国有 4 个，捷克、斯洛伐克和斯洛文尼亚有 2 个，美国有 1.5 个。机器人和人工智能的到来并不意味着世界的分裂（除非下一届美国政府专注于此），但短距离物质生产将会是一个优先选择。该政策对发展中国家形成的重大冲击，需要各国协同应对。我们已经认识到需求，但还需要相互协调。

对 话

多边合作：抗疫成功和经济复苏的关键

2020年9月27日

多丽丝·奈斯比特（Doris Naisbitt）◎约翰·奈斯比特大学校长，合著有《中国大趋势：新社会的八大支柱》《对话中国模式》等畅销书。

约翰·奈斯比特（John Naisbitt）◎世界著名经济学家、未来学家，著有《中国大趋势：新社会的八大支柱》等作品。

李大巍◎他山石智库首席执行官，美国麻省理工学院访问学者。

李大巍：尊敬的奈斯比特先生，自1982年您出版《大趋势》至今已经过去38年了，这本书畅销全球，发行量1400万册，较早地描述了国际合作和全球化的雏形，被誉为"能够准确把握时代发展脉搏"。作为惯看国际社会大事件的世界著名未来学家，您还曾经和20多位国家元首、世界组织领导人对话交流，为他们做咨询顾问。我很高兴在全球化发展的重要时间点和您对话，也为能够有幸邀请到尊敬的奈斯比特夫人参加而感到十分高兴。

约翰·奈斯比特：时间过得真快，过去近40年也是中国发展最迅速的阶段。过去这些年里，我一直在全世界走访。

跳出衰退周期有一套总体策略

李大巍：首先，向你们请教在后疫情时代全球应对衰退的策略。

几周前，国际货币基金组织发布《世界经济展望报告》，预计 2020 年全球经济将萎缩 3%，衰退程度远超 2008 年国际金融危机引发的经济下滑，是 20 世纪 30 年代大萧条以来最糟糕的全球经济衰退。报告说，在 2020 年，发达经济体经济将萎缩 6.1%，新兴市场和发展中经济体经济将萎缩 1%，其中美国经济将萎缩 5.9%，欧元区经济将萎缩 7.5%，日本经济将萎缩 5.2%。报告进一步预测，如果疫情在 2021 年还不能获得有效遏制，2021 年全球 GDP 将比基准情景预测低约 8%。你们怎么看？

约翰·奈斯比特：有一条基本规则是，如果我们坚持旧的发展范式，就不能理解新的发展范式。虽然国际货币基金组织预测全球经济将萎缩 3% 以上，但总体数字并不能界定一个国家、一个行业或一家公司的趋势。诚然，新兴经济体受到非常沉重的打击，酒店业、航空业、旅游业和化石能源等若干行业受到严重影响，将陷入长期混乱局面。不过，也有一套跳出衰退周期的总体策略：第一，在科技、金融、经济、社会治理等领域支持创新理念并促进其实施。第二，我们经常说，社会运行的两大支柱就是教育和国民经济。经济遇到困境，就要在教育上加大投入，比如边缘人口和弱势人群的教育、员工基础素质教育、女性教育、前沿科技教育，等等。一个国家的教育系统越优秀，就越有可能渡过难关。这个道理在岁月静好之际屡屡应验，在危机时期更是如此。教育和国民经济这两大决定性支柱，二者紧密结合、不可分割。第三，要延续以往的成功经验，坚持多边合作，这既是全球抗击疫情蔓延的关键，也是全球经济早日复苏的关键。

多丽丝·奈斯比特：对于如何管理和克服新冠肺炎疫情危机，众说纷纭。答案取决于个人从何种国家、政治、科学和经济角度来看待问题。但是新冠肺炎疫情也给我们上了一课。政治和经济领导人需要一发现潜在威胁就采取行动，疫情可能与过去袭击我们的其他威胁形成叠加效应，我们没有时间坐观其变。

约翰·奈斯比特：因此，我们看到经济复苏过程中领导力的三个关键要素：一是持续审视全球环境并预测趋势，二是立即对外部威胁和机遇作出反应，三是对要求同等苛刻的选择方案——现在最突出的挑战就是在保护公共卫生和保持经济绩效之间进行有风险的抉择实现平衡。

多丽丝·奈斯比特：此外，在微观基础上，领导力意味着我们需要更强烈地意识到自己在整体形势促成作用方面的责任。

民粹主义不是解决方案，全球化依然是趋势

李大巍：国际政治的演变范式，从战前几百年间的现实主义框架，演化到大国之间的防守型现实主义阶段，再演化到二战后基于规则的国际关系，每一次大的演化都是因为霸主为了维护自己在世界政治中的绝对统治地位。而当今国际政治经济格局中"灰犀牛"事件不断，"黑天鹅"事件频发，我们观察到进攻性现实主义重回舞台，一些曾经支持全球化的政府和媒体近年来一直在质疑全球化，民粹主义和保护主义返潮。你们认为这次新冠肺炎疫情暴发可能是全球化的里程碑或转折点吗？

多丽丝·奈斯比特：民粹主义不能提供解决方案，而会让局势走向机会主义式的戏剧化。新冠肺炎疫情席卷各国，而有些秉持机会主义的国家领导人却看到制造恐惧之机，从而将病毒政治化并加以利用。与以往不同的是，现在最响亮的民粹主义呼声来自不久前还在支持全球化的美国。2001年，中国加入世贸组织时，不少中国人担忧全球化意味着美国化。如今，没人会这样想。我们欣慰地看到，世界政治经济发展的真正转折点在于中国的崛起。

约翰·奈斯比特：这并不令人惊讶。早在1995年，我们撰写的《中国大趋势》一书就提出了对未来地缘经济力量转变的展望。2015

年,我们撰写的《大变革:南环经济带将如何重塑我们的世界》一书将中国描述为重新定义全球化,乃至重塑全球经济和政治格局的领头羊——推动世界在行业、社会、文化、机构、个人等多个领域实现一体化与合作。新冠肺炎疫情只是进一步推动人们日益认识到,全球化并不意味着世界规则由西方制定。美国和欧盟对中国的依赖加重,西方经济和技术霸权的旧范式已无法维持。新冠肺炎疫情促使欧洲政治领导人作出口头承诺,保证将加强对创新型企业和初创企业的支持,以平衡对他国技术和产品的过度依赖。然而,这场全球大流行病将对外国直接投资产生巨大影响。

多丽丝·奈斯比特: 尽管如此,全球化依然是一个必然趋势,而且必将继续,中外企业、大学和政府之间的合作还是必须继续且将继续下去,这主要是为了实现多方共赢。受新冠肺炎疫情影响,欧洲要求提高自给自足程度,这种呼声并非负面事件,这也是在唤醒创新。尽管全球化的相关宣言和目标众多,但全球化不会因为世界一有风吹草动就开启或停止。各个经济体已经高度一体化,一时是难以脱钩的。

李大巍: 过去一两年里,随着中美贸易争端以及某些国家内部保护主义抬头,似乎有些跨国企业逐步撤出中国市场,制造业回流。4月7日,日本政府为应对新冠肺炎疫情,推出总规模达108万亿日元的经济刺激计划,其中约0.2%用于改革日本企业的供应链,使其不会过于依赖单一国家。不久前美国国家经济委员会主任库德洛也表示,若美国企业愿意将工厂回迁,可以将相关费用抵税。若这成为趋势的话,几代人辛辛苦苦摸索出来的国际价值链分工体系和高效率的商贸体系会受到挑战。这会是一个持续的趋势吗?

约翰·奈斯比特: 这取决于公司的价值和道德,以及企业对东道国的重要性。一般来说,外国投资者现在都是在空白地带探索开垦。没有人能够真正预测疫情之后的全球经济。联合国贸易和发展部门预测,受疫情影响,外国直接投资将下降30%至40%。例如,就在一年前,智利的外国直接投资促进机构在圣地亚哥接待了来自21个国家的300名投资者,推进了超过70亿美元的项目。如今,这样的盛况已一去不复返。

多丽丝·奈斯比特:同时,我们不必如此悲观。当企业的决策过程建立于长期战略之上,我们对全球化的进退就不能贸然下结论。我们都知道,全球化或进一步弱化,或强劲反弹,取决于全球社会如何应对疫情,取决于多快能够研发出疫苗或治疗药物。要在这场全球危机中寻觅机遇,需要勇气和敏锐直觉。要克服困难,悲观主义从来都无济于事。我们在《定见》一书中写道:"获得结果的途径,不是解决问题,而是把握机会。"

中国推行多边主义的努力终将收获掌声

李大巍:7年前,中国领导人习近平顺应和平、发展、合作、共赢的时代潮流,提出人类命运共同体理念。2017年2月10日,联合国社会发展委员会第55届会议一致通过"非洲发展新伙伴关系的社会层面"决议,"构建人类命运共同体"首次被写入联合国决议中。你们怎样看待这一重要思想?

约翰·奈斯比特:我们非常赞同习近平主席提出的人类命运共同体理念。在国际社会抗击新冠肺炎疫情过程中,中国的关键因素和卓有成效举措值得国际社会赞赏。中国医疗专家与非洲等地的医疗专家分享经验,而很多中国企业家也作出助力战"疫"的承诺。虽然并非一帆风顺,但中国推行多边主义的努力终将收获掌声。

多丽丝·奈斯比特:若能以史为鉴,世界的境况或许会好得多。十有八九的领导人在口头上都会赞同合作带来的结果要远远优于对抗。

困难在于，如何将其应用于经济和政治现实。中国共产党将中国从一个赤贫国家转变为世界最大经济体（以购买力平价计算），所取得的成就不可否认，为克服更糟糕的经济状况提供了典范。中国之外，没有任何国家可以在帮助发展中国家方面发挥如此的带头作用。

真正的危险是把问题政治化

李大巍：中国一直言行一致地践行人类命运共同体理念，此次疫情期间尽其所能地支持国际社会抗疫。令人诧异的是，有些国家出于种种考量，对中国抛出很多质疑，甚至诬称新冠病毒源自中国，抹黑中国应对新冠肺炎疫情的努力。对此您怎么看？

约翰·奈斯比特：习近平主席呼吁构建人类命运共同体。现在，全世界都在共同承受新冠肺炎疫情对现在和未来造成的后果。我们只能希望，此次疫情将产生明确的启示，让我们意识到需要学习如何相互对话，学习如何在应对全球挑战方面开展合作。如此，或可起到奠基铺路的作用，来帮助完善现有体系，来帮助全球各地包容新式理念的发展。作为全球社会的崛起力量，中国一方面正在获得影响力和尊重，另一方面则受到非议。此次疫情之下，各种阴谋论在社交媒体上传播，这不足为奇。真正的危险是把问题政治化。

多丽丝·奈斯比特：这让我们又想到某些民粹主义者，他们不提供解决方案，而是将局势戏剧化，以促进自身利益。这会转而导致对抗，而非建立合作。就个人而言，成功的人总是会面临嫉妒和怀疑。但是——听起来可能挺奇怪——嫉妒是需要争取的，嫉妒不会与平庸并肩同行。对于中华人民共和国的成功，已有人从不同的意识形态角度进行审视，未来这个成功还将继续受到审视。但中国人民为自己国家及其成就感到骄傲，这才是最重要的。

我们比以往任何时候都更需要世贸组织

2020 年 12 月 14 日

素帕猜·巴尼巴滴（Supachai Panitchpakdi）◎世界贸易组织前总干事，泰国前副总理。

付志刚◎光明日报驻曼谷记者。

中国和亚洲是引领贸易复苏的关键

付志刚：尊敬的素帕猜先生，十分荣幸邀请您参加"光明国际论坛对话"。今年3月，在泰国新冠肺炎疫情最为严重的时候，您在《曼谷商业》杂志上发表了《新冠病毒是全世界共同的敌人》一文。其中指出："现在这个时候，世界必须与新冠肺炎疫情的大范围暴发作斗争，这是需要全人类共同奋斗的伟大斗争。"半年多时间过去了，新冠病毒仍在全球肆虐，中国和泰国虽控制住了疫情，也仍面临外来输入和疫情反弹的压力。

素帕猜：在2020年初新冠病毒大流行之前，多边主义进程就受到了威胁，主要原因是美国采取了"美国优先"政策，将世界上最大的经济体孤立于集体责任之外。美国退出了《巴黎协定》，在一些国际会议上拒绝多边协议，阻止世界贸易组织争端解决机构任命上诉机构法官，与中国、欧盟及世界其他国家贸易关系紧张，导致全球重现生存危机的风险。新冠肺炎疫情暴发后，很多国家为了生存进行封锁隔离。但是，我们不需要关闭沟通的大门，可以留出合作空间，进行病毒数据交换以及提供个人防护装备和其他医疗设备。疫情初期,中国向亚欧国家提供了援助。全球以集体竞争的方式研发和测试新疫苗,加速了疫苗研制进程。最重要的是,在这场危机中,我们需要世界卫生组织这样的国际主导机构,对其提供尽可能多的资金和实物支持,使其能够在世界各地协调、分析和分享信息并提供医疗援助。

付志刚:面对新冠肺炎疫情全球肆虐,中泰两国人民始终同舟共济,守望相助,共同抗疫。在疫情防控方面,根据中国向世界卫生组织提供的新冠肺炎疫情信息,泰国早在1月初就建立了疫情筛查机制。疫情初期,泰国还成功医治了多名罹患新冠肺炎的武汉游客;在医疗物资供应方面,中泰之间也进行了成功的合作。

素帕猜:中国坚决应对新冠病毒传染,并为其他国家提供了有益的借鉴。迅速发出警告以及完全透明地承认传染范围,这是有效管制感染地区的必要条件。中国在武汉快速建设两所医院接纳新感染病人,这是中国公共管理实力的体现。采用数字设备和相关应用程序也有助于追踪和限制病毒传播。在泰国疫情暴发之初,中国向泰国运送的基本药物和口罩对泰国人民非常有帮助。泰中两国以及其他东南亚国家希望能够进一步开展在新冠疫苗研制领域的合作。

付志刚:您谈到研究抵御新冠病毒的疫苗是目前国际社会的当务之急。众所周知,中国正在加速研发疫苗,中国政府提出将把疫苗成果作为国际公共产品,与国际社会分享,中国政府也承诺,愿优先向泰国提供新冠疫苗。

素帕猜:这种病毒大流行威胁到了人类生存。在经过全面测试后,疫苗应能覆盖最广泛的地区,如果可能的话,应首先投放到最需要的地方,最好是在世界卫生组织的规划援助下进行。中国政府慷慨而善意地提议与国际社会分享疫苗,这是世界其他国家应效仿的姿态,值得称赞。

付志刚：1997年亚洲金融危机发生后，您临危受命，出任泰国副总理兼商业部长。您能否回顾一下当时的情景？当时的危机和今天新冠肺炎疫情带来的危机有何不同？此次疫情对世界经济造成了严重的冲击，在您看来，亚洲国家战胜金融危机的历程，能为当今国际社会提供哪些经验和教训？

素帕猜：1997—1998年的亚洲金融危机给生机勃勃的亚洲经济体带来了最严峻的挑战，其中金融体系遭受了最大冲击。因此，那次经济挑战与我们目前面临的这场大流行病导致的经济下滑没有什么不同，它取决于在艰苦的国内调整与国际社会保持资金和贸易流动的努力之间的微妙平衡。亚洲已经从当年金融危机的惨痛经历中吸取教训，不再单纯遵从国际货币基金组织的不合理建议。事实上，国际货币基金组织当时的有关建议反而助长和加深了危机。中国和日本一直在提供更多的资金支持，中国还进一步保持人民币汇率稳定，以便让受危机影响的亚洲国家有时间进行重整，并通过购买进口农产品等措施，维持受危机影响经济体的贸易命脉。

付志刚：后疫情时代的世界经济复苏前景成为人们关注的重点，包括泰国在内的世界各国均面临疫后经济复苏的严峻挑战。

素帕猜：正如大多数专家所认同的那样，新一轮感染将破坏经济平稳上升的趋势，新冠肺炎疫情大流行后的经济恢复是一个起伏不定的不确定过程。如果所有主要经济体无法成功遏制这一流行病，就不可能实现全球复苏。因此，我们面临的经济衰退比2008—2009年更严重，增长缓慢且不稳定。2020年的收缩将是最严重的。世界贸易如果能够更早反弹，中国和亚洲将是引领供应链相关贸易复苏的关键。世界贸易组织认为，美国2018年对从中国进口的商品加征10%的关税，总额达2000亿美元，违反了世界贸易组织规则，中美贸易紧张局势和美国对世界贸易组织的反应可能会加剧。为了维持世界经济复苏，必须恢复国际贸易,而世界贸易组织则需要担当调解人的角色,使世界贸易恢复常态。与此同时,国际社会可能需要认真寻找解决目前全球失序的办法,并恢复某种形式的全球治理,以协调恢复措施和联合行动,应对目前和未来的病毒大流行。

付志刚:在1997年亚洲金融危机发生后,中国和泰国携手迎战危机,取得了显著成效。如今在疫后经济复苏阶段,中泰同样可以携手合作前行。

素帕猜:泰中两国至少可以在四个领域合作,这不仅有利于我们自己的国家,也有利于世界。第一,在医疗研究和医疗设备生产方面进行合作和投资;第二,我们可通过《区域全面经济伙伴关系协定》(RCEP)的快速运作促进贸易便利化;第三,通过持续实施"一带一路"倡议,帮助维持沿线国家加强经济和社会联系,以及和平利用海上运输路线;第四,泰中等联合国成员国应携手向世界卫生组织、世界贸易组织等多边组织提供有力支持,防止其被任何主要成员削弱能力。

中国助世贸组织更加民主、平衡、高效

付志刚:2002—2005年,您担任了世界贸易组织总干事,您的工作给国际社会留下了深刻印象。当年,为推动世界经济和贸易健康发展,您采取了诸多重大举措,取得了显著成效。

素帕猜:我任职期间,为促进贸易与发展之间的联系采取了诸多措施,最重要的就是持续加强发展中国家参与多边贸易体制。一是促进发展中国家在联合谈判的立场上重新组合,特别是在2003年坎昆部长级会议期间表现得尤为显著;二是提供贷款,支持发展中国家在特殊和差别待遇问题上的需求;三是积极参与《与贸易有关的知识产权

协定》，寻求时任联合国秘书长科菲·安南的支持，与私营制药公司对话沟通，成功进行公共卫生谈判；四是加强技术援助，主要加强发展中经济体和最不发达国家的贸易能力建设，比如将培训机构与技术合作机构合并组成培训和技术合作研究所，并设立一个特别机构来扶持最不发达国家；五是创建并主要完成了《贸易援助计划》的准备工作。在我离开世贸组织一个月后，该计划在香港举行的世界贸易组织第六次部长级会议上得以批准；六是加强与世界银行和国际货币基金组织的合作，始终参与到贸易和发展框架中，第一次与贸发会议签署谅解备忘录；七是将棉花问题纳入多哈发展议程，使非洲贫穷的棉花生产国在谈判进程中受益。这是一个前所未有的举措，因为通常不允许在谈判回合中引入新问题；八是多哈谈判取得了部分成功。2004年7月一揽子计划首次达成了一项取消农业出口补贴的协议，这有助于减少世界粮食市场上的价格扭曲现象，使较贫穷经济体的农民受益。

付志刚：作为时任世界贸易组织总干事，您亲身经历了中国加入世界贸易组织的过程和之后的发展。2002年，您还撰写过《中国与世贸组织：改变中国并改变世界贸易》一书。现在回头看，您如何评价中国加入世界贸易组织的意义？这些年来，中国一直坚持经济全球化，反对贸易保护主义，您对中国的主张有何评价？

素帕猜：2000年初的时候，国际主流观点认为，中国加入世界贸易组织可能会被要求做出不可能完成的调整，这是中国无法应对的。但在《中国与世贸组织：改变中国并改变世界贸易》一书中，我明确指出了中国加入多边贸易体制可以获得的好处。这本书描绘了中国和世界的收获，只是低估了中国成为世界上最大贸易国的速度。我们在书中预计，世界贸易组织将需要进行基本改革，使其为每个成员服务。随着中国的加入，可以看出，正如我在前面所提到的那样，发展中成员的集体作用得到加强。坦率地说,中国的调整仍在进行中,还没有完成。正如大多数成员所做的那样,中国对透明、公平、以发展为导向、非歧视性全球化的不懈支持将使世界贸易组织成为一个更加民主平衡的组织,以及一个更加高效和可持续的贸易体系。这是应对源自全球经济最发达国家的保护主义和去全球化破坏力所迫切需要的。

付志刚:世界贸易组织为世界经济的发展作出了重要贡献。近年来,一些舆论质疑世界贸易组织的作用。比如,对部分国家采取蛮横的单边主义和保护主义,无法采取有效措施制止。在美国阻挠下,世界贸易组织上诉机构近乎停摆。美国国内甚至出现了鼓吹要退出世界贸易组织的声音。

素帕猜:今年是世界贸易组织成立25周年。回顾其在全球化进程中的曲折历史,尽管世界贸易组织不得不面对一系列批评,但在以下方面还是相当成功的:第一,大幅降低全球关税;第二,严格按照公正原则解决众多贸易争端;第三,将贸易政策审查机制纳入贸易与宏观经济政策的联系中;第四,更加重视贸易和发展,特别强调最不发达国家的困境,并实行贸易援助方案,支持发展中国家的贸易能力建设等。后疫情时代比以往任何时候都更需要世界贸易组织。这是因为:第一,在疫情引发的经济衰退期间,越来越多的国家开始向内寻求保护自己;第二,很多国家对食品和药品实行出口限制;第三,应在不受《与贸易有关的知识产权协定》阻碍的情况下,向所有国家充分提供针对新冠病毒的最新疫苗和药物;第四,在电子商务活动激增的情况下,应统一监管,特别是在安全、私人信息和反竞争领域。总体而言,世贸组织成员一直在讨论该机构的进一步改革,其中可能涉及的问题包括补贴法、多边协定、国有企业的作用、特殊和差别待遇、争端解决机构的效力、贸易行动通知和谈判进程的效率等。

全球化的力量将重新向前推进

付志刚：经济全球化对世界发展的积极作用不容忽视。疫情期间，反对全球化的声音加大。有人认为，全球范围人员的频繁流动成为疫情传播的重要原因，全球产业链分布现状也使很多国家的抗疫行动以及经济发展受到冲击。您如何看待这种质疑？在后疫情时代，全球化会终止吗？国家之间的经贸往来会脱钩吗？全球化应该向何处去？

素帕猜：在新冠病毒大流行之前，尤其是在中美贸易紧张局势持续加剧之际，全球化已经遭受了相当大的打击。美国总统在国际会议上拒绝多边主义，对世界卫生组织和世界贸易组织等多边机构进行攻击，阻止世贸上诉机构成员的任命。这似乎使美国进一步脱离了多边环境。然而，尽管全球化的力量因为强制隔离而削弱，但随着人们重新获得流动自由，全球化的力量将重新向前推进。数十年来，随着交通、通信、贸易和投资供应链的迅速改善，全球化的网络已经紧密地交织在一起，而这些都是一代人难以消除的。随着电子商务、共享经济和技术转让等领域进一步数字化，未来世界的连通性可能会得到加强。在疫情中，全球活动的连通性暂时减弱，但随着世界经济恢复，这种联系将迅速恢复。随着以中国、印度和东盟为首的新兴经济体可能会在全球经济中占据更大的优势，全球化地缘因素可能会经历一定的演变。为了实现以发展为中心，具有包容性、均衡发展的全球化，应允许这些新兴市场经济体充分参与联合国可持续发展目标第17号目标所述的全球经济治理。

付志刚：经过各方长达十余年的努力，RCEP谈判终于完成。11月15日，RCEP在东亚合作领导人系列会议上正式签署，成为全球最大的自贸协定。

素帕猜：根据贸发会议的建议，有效的区域一体化努力应在成员资格方面开放,以发展为基础,由发展状况相当的国家参与。相比最初蓝图主要由拥有最大最发达经济的美国决定的全面与进步跨太平洋伙伴关系协定(CPTPP),以东盟为中心的RCEP更具包容性和发展导向性。由于RCEP还涵盖了该地区最不发达的经济体,因此这种承诺可能不会超出世界贸易组织的正常协议。尽管这种凤愿在可接受的范围内,但美国官员却贬损批评,认为这是一种微不足道的低水平的一体化。面对严重的衰退,RCEP将在加强区域供应链方面提供一种平衡。

付志刚:美国频繁挑起与中国的贸易摩擦,特别是2018年以来,特朗普政府不顾中方反对,执意发动经贸摩擦,严重恶化中美经贸关系和世界贸易环境。

素帕猜:通常,我会避免用贸易战这个词来形容中美之间持续的贸易紧张关系。正如我已经提到世界贸易组织对美国最初贸易限制的裁决一样,美国的反应可能无助于缓和紧张局势。不过,一家信誉良好的多边机构做出的这一裁决,虽然得不到美国的支持,但最终可能有助于向美国政府施加更大的国际压力,要求美国政府不仅放松对中国的贸易限制政策,而且放宽对欧洲及其他被视为对美国拥有巨额顺差的国家的贸易限制政策。毕竟,人们普遍认为,这种贸易紧张关系更多地反映了美国贸易竞争力的丧失,以及美国需要保护自己在技术上的霸主地位。为了恢复世界贸易组织在应对日益扩大的贸易限制方面的作用,全体世界贸易组织成员承诺,尽快考虑一个可接受的组织改革框架,涵盖所有成员的利益。

付志刚:在当前的国内和国际形势下,中国政府提出了加快构建以国内大循环为主体、国内国际双循环相互促进的新发展格局。构建新发展格局不仅惠及中国,也会给全球经济带来红利。

素帕猜:中国致力于提振国内经济,扩大民众的消费,改革国有企业,这些承诺应该可以提高国内需求,弥补国际贸易的萎缩。虽然受疫情影响，但"一带一路"倡议应做好准备，支持即将到来的全球复苏。中国可能很快成为世界上最大的经济体，并在推动全球贸易和投资方面发挥重要作用。例如，中国是东盟最大的贸易伙伴，也是世界上许多国家的最大贸易伙伴。中国经济作为"全球公共产品"的重要性不容低估。可以预见 2021 年的中国经济将强劲复苏。

付志刚：您曾多次访华，可以说是中国改革开放的见证者。

素帕猜：自 1985 年第一次访问中国以来，我怀着极大的兴趣和惊奇的心情看着中国登上世界经济的高峰。很明显，中国政府的工作和人民的辛勤劳动得到了丰厚的回报。在后疫情时代，世界呈现出动荡和不确定性，但中国肯定会证明自己有能力应对挑战。

中国的经济增长有利于全球稳定

2020 年 10 月 9 日

杜大伟（David Dollar）◎美国布鲁金斯学会约翰·桑顿中国中心高级研究员。2009 年至 2013 年，任美国财政部驻华经济与金融特使，负责推动中美之间的宏观经济和金融政策对话。

姚洋◎北京大学国家发展研究院院长，"中国金融 40 人论坛"和"中国经济 50 人论坛"成员。

肖连兵◎光明日报社国际交流合作与传播中心秘书长。

肖连兵：作为北京大学国家发展研究院与美国布鲁金斯学会共同合作的报告项目——《中国 2049》一书在疫情期间出版。这一报告在中国备受瞩目，也无疑成为世界了解中国的新窗口。中美双方智库合作撰写这一报告的初衷是什么？

杜大伟：我们选择"中国 2049"作为报告的选题，是因为届时将是中华人民共和国成立 100 周年，目的是分析中国届时所需要解决的关键问题和需要进行的改革。这个小组主要由经济学家组成，我们倾向于将发展视为"双赢"，也就是说，中国的经济增长有利于中国人民，对全球繁荣与稳定也有溢出效益。对一些重要问题和改革的讨论，大家达成了大量共识。

布鲁金斯学会与中国研究人员在诸多项目上的合作由来已久，因此这次合作是这一传统的自然延续。

姚洋：2049年将是中华人民共和国成立100周年，也是我国实现第二个百年目标的时间点。我们选择"中国2049"这个题目，就是想研究我们实现第二个百年目标的潜力以及可能遇到的阻力，并给出政策建议。北大国家发展研究院与布鲁金斯学会合作，在当下中美关系趋于紧张的背景下，尤其难能可贵。

肖连兵：姚院长，这一报告的主要内容是什么？

姚洋：报告回顾了新中国70年经济增长历程，并对未来30年的增长潜力进行了预测。报告的预测显示，根据东亚地区的经验，未来30年我国经济的年均增长率将保持在4%—4.5%的水平，到2049年我国的人均收入将达美国人均收入的60%，GDP总量将达美国的两倍。在此基础上，报告研究了人口老龄化、竞争和创新政策、金融发展、环境以及变化的国际环境对未来经济增长构成的挑战，并提出了相应的建议。

肖连兵：这一报告是团队合作的成果，你们分别承担的课题和主要观点是什么？

杜大伟：我这一章是关于中国在国际经济体系中的角色，特别是在世界贸易组织、国际货币基金组织和世界银行中的角色。目前，中国是世界第二大经济体和最大的贸易国，在这些国际组织中发挥着积极而重要的作用。这些国际组织是由目前的发达国家在二战结束时建立的，其所倡导的自由贸易和资本流动对全世界贡献颇大。发展中国家在收入增长和减贫方面取得了前所未有的进展，表明这一体系使所有人受益。然而，考虑到新问题以及发展中国家占世界经济比重上升的新现实，现在是时候改革这些机构了。需要解决的一些新问题包括跨境数据流动、知识产权保护、服务贸易和投资政策等。对全球贸易体系进行此类改革是一个很大的想法，但却必不可少。

姚洋：我负责的是新中国前70年回顾这一章的内容。在这70年的前30年里，一方面，中国人民筚路蓝缕，为我国的工业积累做出了巨大的牺牲，为后40年的经济腾飞奠定了坚实的工业基础。另一方面，新中国在教育普及和健康等人类发展方面也取得了巨大的进步，为后40年的发展提供了丰富且具备较高教育水平的劳动力大军。在后40年的头30年里，我国充分利用劳动力优势，加入世界大循环推动工业化进程，用出口产生的剩余推动储蓄和资本积累，并不断提高经济运行的效率，最终获得举世瞩目的经济成就。自2010年起，我国经济进入调整期，国内消费比重不断增加，经济结构更趋合理。

肖连兵：这份报告是你们在疫情前的合作项目，适合于对后疫情时代中国的判断吗？

杜大伟：新冠病毒大流行使得报告中的分析和建议更具现实意义。比如，虽然全球贸易和投资在一段时间内显然会疲软，但中国可以通过新的贸易协定和开放来应对这种局面。区域全面经济伙伴关系协定（RCEP）就是一个很好的范例。

姚洋：本报告的一个重要组成部分是变化的国际环境对未来中国经济的影响，其中有一章专门研究中美之间的技术竞争。新冠肺炎疫情暴发后，美国加大了在技术上与中国脱钩的动作，让我们的报告更显及时。通过紧密的贸易联系，中美企业在技术领域已经形成了"你中有我，我中有你"的情形，美国单方面与中国技术脱钩不仅打击中国企业，也打击美国企业。我们的报告认为，形成以规则为基础的和平竞争是中美解决技术领域争端的最佳办法。未来，中美应该就技术竞争进行磋商和谈判，力争在统一的规则下进行技术领域的和平竞争。

肖连兵：你们对中国政府近年来，特别是在疫情期间采取的经济政策措施如何评价？

杜大伟：中国政府进一步开放金融服务业和汽车业的举措非常积极，与我们的建议相符。希望中国能够继续扩大开放。中国正在与欧盟谈判一项双边投资条约，这可能成为进一步扩大开放和改革的模板，并在美中关系持续紧张的情况下加强中欧关系。"一带一路"倡议也是中国对外关系多元化的一个机遇。

根据我的体会，中国改革的一项关键内容是为发挥个人积极性打开空间，创业、开发新技能、转移就业与向全球经济开放相结合。自由贸易使中国和其他国家能够专业化生产自己擅长的产品，进口在国内生产成本较高的产品。这样做有助于加快经济增长进程，正如引进外资会带来新技术，加强与全球价值链的联系。中国目前又在推动经济对外开放方面迈出新步伐，我认为这对中国和世界都是一个积极的发展态势。中国的增长为其他国家的商品和服务提供了大量需求，这对发展中国家尤其重要。

姚洋：我国的抗疫是成功的，在较短的时间里遏制了新冠病毒的传播。中国经济能够从5月份以来进入复苏通道，与抗疫成功是分不开的。当然，疫情也带来了压力。实施"六保"特别是保民生，是解决问题的关键所在。

总体而言，我国的改革开放是在国内、国际互动的过程中起步和完成的，国内、国际双循环将继续沿着这个方向走下去。

疫情后的经济复苏和发展从何处发力

2021年1月23日

阿维·费德格伦（Awi Federgruen）◎美国哥伦比亚大学商学院查尔斯讲座教授、风险决策运营管理系主任，美国工程院院士。

科斯蒂斯·马格拉斯（Costis Maglaras）◎美国哥伦比亚大学商学院院长兼戴维和林恩·希尔芬讲座教授。

卢立建◎香港科技大学商学院教授，国际运筹与管理学会尼克尔森奖获得者，曾任美国高盛集团量化投资全球副总裁。

脱离产业链信息的"孤立式"公司管理极不可靠

卢立建：新冠肺炎疫情暴发后，在疫情猛烈冲击全球经济的情形下，各国领导人和行业专家逐渐意识到产业链管理的重要性，纷纷研究提升产业链稳定性和竞争力的举措。作为产业链管理和数字化经济领域的领军学者，费德格伦教授和马格拉斯教授，你们能否从专业的角度介绍一下产业链管理的发展历史，以及如何看疫情给世界经济带来的影响？

费德格伦：产业链管理如今非常火爆，具有核心竞争力的优质企业都有非常专业和完善的产业链管理体系。但是在20年前，这一专业几乎是个小众的学科，只有专家团队的分析师和中层管理者关心高效率产业链的设计和管理中的疑难问题，这些问题甚至很少出现在公司董事会或者政府内阁会议中。即使是商学院里类似工商管理专业，也很少开设相关课程或只有极少数学生对此类课程感兴趣。

现今这个现象有了戏剧性的转变。一方面是因为新冠肺炎疫情引发的危机使很多国家意识到，产品的关键要素在一夜之间出现严重不足，新闻媒体也持续不断地报道医疗物资的严重不足。此外，禁足令和全球范围的工厂关闭引起了其他跟疫情无关的产品线关键元素也出现了严重不足。例如，世界500强美国宝洁公司是一家洗衣液、卫生纸等家庭用品的生产制造商，它生产17600种成品所需要的9000多种原材料非常依赖于400多个不同的中国供应商，它在其他国家的一线供应商也面临原材料不足。类似于这样的核心关键生产要素的严重不足使得企业管理者和经济政策制定者意识到，传统方式的脱离公司所处的产业链上下游相关信息的"孤立式"公司管理机制具有极大的不可靠性。为了经济的可持续健康稳定发展，必须从产业链的角度去重塑产业链稳定性和竞争力。

据美国供应链管理协会2020年2月底3月初的调查，大约75%的公司都反映新冠肺炎疫情导致其产业链中断，有44%的公司并没有任何处理此类中断风险的计划。在谷歌全年2.5万亿条全球搜索的关键字词中，"供应链"这个词语出现的频率从2020年1月初到4月中旬翻了5倍。

事实上，产业链管理作为公司战略的核心部分和公司盈利能力的核心驱动力，早在新冠肺炎疫情出现之前就已经存在了，也必将在未来持续存在。一些行业已经因为产业链策略的创新而彻底改变。例如，亚马逊公司能够引领并垄断全球电子零售行业，并不是因为它提供了更好或者不同的产品，也不是因为它的价格比其竞争对手更有竞争力，它史无前例的巨大成功只是因为它在产业链管理策略上的创新。同样的原因使得沃尔玛在全球有近5170亿美元的收入，沃尔玛是迄今为止世界上最大的实体店和电子商务综合性零售商。

马格拉斯：新冠肺炎疫情带来了重大的生命损失、经济中断和不确定性。全球健康医疗体系、政治体系，有关机构应对危机的反应能力以及通过全球产业链衔接而呈现出的经济相关性和依赖性等，正面临疫情的严峻挑战。此外，疫情尤其引发了对社会不公平问题的极大关注，特别是在由疫情引发健康和经济收入危机的某些人群中。

我们许多人已经在近一年的时间里参与到一个自然实验中，疫情暴发后，许多国家实施了封城居家的隔离政策，至今一些国家还在远程上学和远程工作。尽管有一些行业，比如食品业和农业，并没有在此期间停止运行，且很大程度上已经回归正常运营状态，但是跟服务业相关的很大一部分经济体仍将持续保持远程工作的状态。这样一种情形已经加速了以前就出现的趋势，对城市交通、工作方式、工作场合、购物方式、服务方式、阅读方式和供给与需求都产生了急速变化的蝴蝶效应。

卢立建：的确是这样。中国政府对疫情管控做得极其出色，疫情在本土得到有效控制。我发现，"产业链"或者"供应链"一词在中国也有近1亿的出现频率。此次疫情对世界经济的影响是极其巨大的。以美国为例，疫情造成大批企业破产，涉及范围极广，受影响最大的是交通、餐饮、酒店、旅游等传统服务业，其次是工业企业尤其是制造业。

产业链全球化关乎有安全保障的产能

卢立建：21世纪的产业链与经济全球化密切相关。疫情暴发后，个别国家的媒体炒作"逆全球化"话题，提出要终止全球化，让生产制造回流本国，甚至个别国家的某些政界人物把全球化当成了政治游戏与筹码。费德格伦教授如何看"逆全球化"这个现象？

费德格伦：一个关键性的战略问题是，从产业链的效率和弹性角度出发，一个公司是否需要供应商本地化，或者外包到其他国家地区，或者两者兼用的国际化布局？在过去的几十年，美国或者欧洲大部分国家一个明显的做法是把生产制造逐渐外包到劳动力和原材料更加便宜的国家和地区。近期，我们也看到了与此相悖的势头。比如在2000年到2003年之间，每年有24万生产制造活动外包给美国以外的地区，然而，这个数据在2016年降低到了5万。同年，有7万个类似的生产制造活动被带回到了美国，直接的影响是增加和促进了美国的生产制造业的工作机会。在新冠肺炎疫情扩散之前，美国银行提供的新情况证实了这个现象。在一份涉及3000家公司的调查中，研究人员发现在12个总市值超过22万亿美元的全球行业中，超过80%分布在北美、欧洲和除中国以外的亚洲地区的公司正在执行或者宣布有计划从它们目前所在的地区移回美国，这个比例显示了本土化趋势的确存在。

那么怎么解释这种有悖于全球化的趋势呢？首先，公司在经营中意识到供应商的选择不应该仅仅取决于直接的采购者生产成本，而要考虑到与供应商相关联的所有成本的总着陆成本，包括运输、仓储、关税成本，也包括用来满足本地需求的安全库存所需要的成本。与这些库存相关的成本可以是非常巨大的，尤其是当从供应商到当地的距离非常远并且充满不确定性和需要维持高服务质量的情况下。另外，供应商通常具有产能限制，并且他们之间的产能具有非常大的差异。其次，全球化经济的风险越来越大，促使公司不断更改他们的供应商选择决定和相应的采购策略。过去40年的时间里，一些国家的生产劳动力成本也在不断增加。在目前的贸易摩擦中，美国、中国和欧洲在快速地变化它们之间的贸易关税，这使物流成本、商品价格的波动也在不断增加。此外，外汇和利率也在不停快速地变化。所有这些波动性在需求、成本和产能之间产生重要的影响。通常来说，由于突发性的供应商关闭事件、质量问题、理性配给计划等因素，理论上的产能水平和实际生产过程中的产能水平有着非常大的差别。再次，由于供应商产能限制，在充满波动的环境下，从两个或者多个供应商采购的全球化采购策略是必要的，甚至是企业所渴望的。当然，多个供应商的全球化采购策略的难点是如何决定各个供应商的分配问题和如何动态使用库存信息来动态调整供应商之间的分配决策。在大部分情况下，企业可以使用类似于金融期权理念的契约合同来解决供应商分配问题，即企业可以提前预订或者投资于供应商的产能，以确保在未来需要的时候具备相应的产能。同样，对一家有两个或者多个分布在全球不同区域组装工厂，并且这些工厂服务客户的成本和供货周期不尽相同的跨国企业来说，它面临相同的困境。

卢立建：您从经济总着陆成本、经济风险和产能这几个维度，回归到经济发展的客观规律，阐述了近几年出现的"逆全球化"。您的分析让人明白这样一个道理：一个企业是否实施全球化战略，是由其产品生产的产业链效率和弹性决定的。的确，产业链全球化是社会生产力发展的客观要求和科技进步的必然结果，它并非如同某些政客和媒体说的那样困扰经济发展，他们的目的是要把全球化的问题"政治化"。在您看来，在后疫情时代，应如何提升产业链弹性和竞争力？

费德格伦：在绝大部分产业链配置中，波动率水平或称风险水平，是造成高运营成本的首要驱动力。在有多个供应商的全球化生产采购体系下，由于供应商之间订单和产能资源的充分有效共享，产业链系统增强了抗风险能力，从而具备更高的弹性和运营效率。因此，产业链全球化是提升有安全保障生产能力的重要举措。

另外，还要考虑疫情中供应商的渠道处于部分或者完全中断的状态。新冠肺炎疫情已经产生了大量的如上面描述的实际案例。然而问题并不仅限于百年一遇的新冠肺炎疫情，其他因素，比如泰国的洪水灾害、日本大地震、美国类似于卡特里娜规模的飓风、局部火灾和厂房污染等，也会造成世界范围的生产供应中断。在疫苗生产制造行业，由于国际供应商数量较少和生产设备经常长时间关闭，产能不足的问题也一直存在。所以，对产业链弹性的考虑也为多供应商全球化供应策略提供了额外的激励。

事实上，我的团队最新的研究表明，相比于单个供应商的采购策略，多个即使只有两个供应商的采购策略带来的效益是非常明显的，即使是在一个成本稳定、需求稳定和产能无风险的环境下，全球化分散采购的效益提升效果也非常显著。当然，在一个充满波动的市场环境下，分散化的全球化多供应商配置的效果会更加明显。但是，意识到并且实现这些全球化带来的效益需要最先进的产业链配置模型和算法，这些研究也是目前我在哥伦比亚大学商学院的研究团队所重点关注的研究内容。

卢立建：您从降低产业链波动率水平这个角度，论述了如何在全球化进程中合理使用采购分散化和激励机制以有效提升产业链效率和降低波动。从历史发展看，经济全球化促进了商品和资本流动、科技和文明进步，以及各国人民交往，为世界经济增长提供了强劲动力。当然，经济全球化也不会一帆风顺，它是一把双刃剑，也会有各种各样的问题，比如地缘政治风险、供应商高度集中化产生的对某一区域生产环节的高度依赖性、对异常爆发需求的反应能力不足等问题。然而，把困扰世界的问题简单归咎于经济全球化，既不符合事实，也无助于问题解决。面对机遇与挑战，更重要的是缓和贸易摩擦，去除企业发展的壁垒，紧密合作应对一切困难与挑战，共同努力实现经济全面恢复和健康发展，倡导根据行业因地制宜制定策略来提升产业链弹性与核心竞争力。

技术创新是经济复苏和发展的重要驱动力

卢立建： 近几年包括大数据技术在内的技术创新有了快速发展和广泛应用，发挥越来越重要的作用。马格拉斯教授，请您谈谈这类技术在服务和数字经济中的应用及对后疫情时代经济发展的意义。

马格拉斯： 新冠肺炎疫情虽然给世界经济造成了巨大的损失，但它也加速了很多领域的技术创新，这些技术创新是经济复苏和发展的重要驱动力。

首先，在交通领域，各类企业都在努力克服新冠肺炎疫情造成的复产复工所遇到的问题，设定安全社交距离，制定人们在商业大楼大厅、电梯和开放式办公环境里要遵守的细则。在城市商业中心，员工安全通勤的问题尤其使人忧虑，因为这是一个严重依赖公共交通系统的过程。当下的公共健康政策强制要求降低交通系统的拥挤程度，并且增加了自行车的使用率，然而这样的模式并不足以规模化满足几百万通勤者的交通需求，尤其是长距离通勤。就比如城市地铁交通系统，假设人与人之间的安全距离要求增加一倍，比如从 2 英尺提高到 4 英尺，交通容量将降低到原来的 75%。这个要求对高峰时段的影响尤其严重，高峰时段的安全社交距离通常是接近于 1 英尺，社交距离增加到 4 英尺的要求将使得运输能力降低到仅有原来的 5%。

那么如何应对疫情造成的极度萎缩的交通容量呢？这里我将重点分析阐述管理学中的需求平滑原理，即将需求合理分散到整个时间区间的理念。管理一个处在逐渐复工复产特殊时期的经济社会，迫使我们重新思考日常生活中的一个最基本假设，即大多数人具有相同的工作时间，需要在每日的同一时间段乘坐公共交通系统。这一基本假设能够也应该去除，比如通过以某种方式错开工作时段。这类需求平滑以及减少高峰时段载荷使用率的过程将大大降低公共交通系统、道路网络以及办公大厦的拥挤度。举例来说，假设目前系统每4个小时中有60分钟的高峰期和90分钟的繁忙期，通过一个简单的计算表明，通过需求平滑的方式，一辆地铁将提升30%多的运输能力并且维持在低于85%使用率下运营。考虑到不同的交通网络，仅仅是需求平滑的方式将弥补50%由于疫情期间社交距离提升而造成的交通容量的损失，并且增加30%后疫情时代的交通容量。另外，它将减少由于地铁车厢满员和站台拥挤造成的拥挤延误和总的交通时间。

需求平滑这种方式目前也正在被美国的道路系统、航空和电力网络系统实施应用。通常来说，这样的平滑可以通过价格激励来调配实现，比如对夜晚用电量给予一定的折扣，高峰时期特殊区域的驾车通行会收取更高的费用。然而，在转移到价格激励之前，我们应该尝试减少日间工作时间趋同对高峰期基础设施负荷的结构性影响。共享汽车是解决交通拥挤的另外一个可行方案。为了促进共享汽车的使用，我们需要投资于调度和定价机制等技术方案优化，当下共享汽车领域的众多疑难问题，将引发更深入思考和引导大量可持续的技术创新。

第二个领域是远程工作。疫情暴发后，几乎所有员工都一夜之间切换到远程工作，远程工作在很大程度上影响着服务业和我所从事的高等教育。很多人正在研究这样一个课题：远程工作的出现在多大程度上会是一个长期的趋势，什么样的科学技术和管理工具能够用来创建一个包容的、创新的、动态的有机文化。尽管远程工作在疫情期间取得了很大的成功，但目前还不能确定这种方式是否可以长期持续成功。在当前的环境下，远程工作面临着很大的困境和挑战。比如雇佣和培训新员工非常复杂，创新的过程需要高度的和有目的的联合研发，这些都难以用远程工作来实现；企业文化也很难通过远程工作的方式去维持和进化提升，个人的关系网络通常依赖于自发的和非正式的交流——远程方式中"冷水般的交流"几乎不可能替代它。大部分人或许依赖于科学技术工具进行项目、文档等工作，或通过线上会议等方式合作共事，但是这些工具并不能解决以上提到的人际交往方面的问题和挑战。

为了填补远程工作的这个缺陷和应对当前疫情的危机，目前有很多非常有意义的创新正在进行中。比如，部分创新工作结合了目前正在创建的虚拟网络和虚拟现实技术。这些工作有很大一部分借鉴了网络游戏行业的知识和技术。如此提升我们维持亲密关系和虚拟交流的能力是解决上述几个问题的非常必要的举措。另外，如何充分结合线下交流来达到最佳的效果，也需要小组和项目管理方面的深入思考和引导。

最后，创新也在其他服务行业恢复中发挥重要作用。教育已经在疫情期间转型，我们所快速摸索和吸取的经验将会持续发挥作用。远程学习的科技工具将允许科研机构提供线上和线下有机结合的混合型授课方式项目，聚焦在可以最有利于学生学习的人际交互活动中，提升我们所提供的教育项目的价值。此外，我们还可以通过快速熟悉并利用远程教育工具，进而提升缺乏教师或者专业教育者的偏远贫困地区的教育水平。

总而言之，疫情已经在我们经济的很多方面带来了不小变化，迫使我们重新思考和重新构思生活的多个方面和习惯。这个过程是颠覆性的，但它将持续引领长期的创新和改变全球经济。

卢立建：您论述了技术创新对于经济的重要作用。搜索、社交、支付、娱乐构成了网络世界的基础设施，产业链的数字化智能化升级也是在构建未来数据生产力时代的基础设施。在采用数字化技术之后，产业链企业不仅仅是一个经济意义上的个体，更是一个数据的生产来源，而这些产业链数据对于工业 4.0、智能化制造以及未来可能实现的 AI+ 制造业的革命具有非凡的意义。在后疫情时代，大数据、人工智能、区块链等技术将会在产业链中扮演更加重要的角色。首先，通过区块链去中心化、开放自治、匿名、不可篡改的特性，有效解决了数据泄露、敏感信息被盗用、地缘政治干扰影响等问题。其次，因为数据可以客观反映事实真相和发展规律，丰富全面的数据极大地改善了传统全球化进程中的地域局限性，增加了信息沟通效率和问题的精准溯源。此类大数据技术有助于降低产业链信息沟通成本和障碍，极大提升产业链效率和竞争力。在未来的数字化时代里，谁拥有最全面的数据量并且掌握了大数据处理和商业分析相关智能化技术，谁就可以拥有该市场的核心竞争力。

第二章

疫情催生全球治理变革

疫情是对国际政治体制前所未有的考验

2020年4月27日

托米斯拉夫·尼科利奇（Tomislav Nikolic）◎塞尔维亚前总统，塞尔维亚对华对俄全国合作协调委员会主席。

毫无疑问，未来将会出现更多流行性疾病，不管是已知疾病及其危险的变体，还是全新的疾病，这些疾病可能来势汹汹，肆虐全球。

造成这一状况的根源是我们对待地球的粗暴方式。气候变化源于人类对完整植物群和野生动物食物链的破坏。

当我们为了获取肥沃的土地而去砍伐亚马孙雨林时，为了耕种而开垦非洲大草原时，或去捕猎野生动物致使它们濒临灭绝时，我们以强取豪夺的方式触碰到了以往从未触碰过的真正大自然。我们征服了未知的领地，之前我们未曾在这些地方生长，也未曾与这些地方面对面接触，当然也就完全不了解生存在这种环境中的微生物。因此，对这些微生物，我们没有任何免疫能力。出于无知，我们想当然地认为蝙蝠是唯一能将病毒传播给人类的生物。我们征服世界每一个角落的野心越大，感染上流行性疾病的可能性也就越高。

疫情警示人们要选择好发展路径

自第二次世界大战至今，大多数西方国家从未经历过如此严峻的威胁。疫情迫使他们对日常的生活、生产和消费进行彻头彻尾的改变。

我们曾一起目睹了多次自然灾害、大型集会抗议、诸多国家体制机制的崩溃、个别国家恃强凌弱和若干次政治危机，但事后许多人的生活终究回归了正轨。

欧洲国家坐山观虎斗，见证了战争、干旱、政变、革命和传染病疫情，大多只是通过呼吁、捐赠、示威或军事手段间接参与。然而这一次，危机同样迫在眉睫，改变了我们的生活方式。

随着新冠肺炎疫情肆虐整个世界，欧洲成为新的疫情中心。西方人的生活方式受到了当代史上前所未有的巨大影响。当然，这次疫情的破坏程度与世界大战无法相提并论。但是，在许多国家，人们的生活陷入了停滞。商店、咖啡厅、酒吧和餐馆都歇业了，机场和商场空无一人。几乎是一夜之间，生活方式发生了剧变。

现在看来，西方世界似乎无力改变固有的处置方式，有效应对此次疫情。新自由主义的教条使得西方世界忽视了自身的主要利益，资金流和企业利益把握着一切事物的命脉，国家无法施加任何影响。

对那些奉行自由资本主义，并由软弱、混乱、毫无威信的政府领导的国家，这次新冠肺炎疫情像是一记警钟，警示人们选择其他发展路径。

以西班牙为例，新冠肺炎疫情在该国彻底暴发后，西班牙才正式通过了一项法案，允许国家接管全国范围内的私立诊所用于医疗救治。这种做法违背了自由贸易原教旨主义的基本原则和思想。这次疫情结束后，我们还能坚持这么做吗？全球范围的经济衰退正在发生。一方面，疫情可能演变成一连串的冲突，经济不公的现象越发明显；另一方面，疫情也可能促使我们抓紧行动，对危机应对体系进行转型优化。

个人主义社会体系的缺点被疫情暴露无遗

这次新冠肺炎疫情暴露了短视的个人主义社会体系的缺点。从全球范围来看，过去几十年针对传染病和疫情的研究和投资项目减少，因为这些研究无法为医疗公司带来快钱，无法使公司股价飙升。医疗公司更愿意把资金投向心脏病、焦虑症和性功能障碍等方面的研究。

美国副总统迈克·彭斯被任命为美国应对新冠肺炎疫情工作组组长。但他在担任印第安纳州州长时，曾主导大幅削减公共卫生基金，削减艾滋病毒检测能力，这一举措导致艾滋病在印第安纳州大量传播。同样的，2016年大选以后，特朗普政府削减了联邦政府对流行病防疫的拨款。根据特朗普的一份声明，美国甚至要冻结对世界卫生组织的资助。

在资本主义晚期，从商业角度看，对公共医疗进行投资是不可持续的。医疗行业的准备情况以及医疗物资的库存情况，使得全世界在新冠肺炎疫情来到时措手不及。零售商处的呼吸机、防护口罩和抗菌产品被一抢而空，很快在一国各地脱销，这种情况前所未有。现在，为了获得抗疫物资，许多国家都不得不先要订购，再等待生产和交货。在这种不平等、不安全的情况下，保护大众的健康已变成不可能完成的任务。

新自由主义横行无阻多年以后，我们逐渐意识到，尤其在这次疫情面前，我们的安全、健康和繁荣更多有赖于一个强大的、设备精良的公共服务体系，而不是那些跨国公司。在医生、护士和其他医务工作者不辞辛劳、不遗余力地抢救生命的同时，跨国公司的亿万富豪们却躲在豪宅的庇护所里。财富的再分配、税收的公平和对社会层面的关注，现在已经成为国家安全的重要议题。数据显示，此次疫情将导致全球贫困率上升，这是30年来的头一回。新冠肺炎疫情对国民经济的威胁比对公共卫生的风险大得多。经济衰退可能使全球 5 亿人陷入贫困。截至目前，新冠病毒引发的死亡人数超过 20 万人，超过 290 万人确诊感染。疫情肆虐导致股市低迷，俄罗斯与沙特打起了石油价格战，叙利亚内战演变成潜在的移民危机。各种因素交织，致使数千万人丢了工作。如果不采取适当措施，新冠肺炎疫情可能在全球范围内引发持续多年的经济崩溃。如果疫情不能得到控制，整个世界和现代秩序也可能消亡。

疫情、油价、全球经济都只是世界变革的注脚

从目前的趋势来看，本次疫情以现代国际关系史上前所未见的方式对国际政治体制进行了考验。

疫情、油价，甚至世界经济现状都只是这场变革的注脚。这场变革与东西方间的权力平衡博弈有关。毫无疑问，美国已经主动放弃，或者说失去了全球领袖的位子。美国只关心如何处理好国内的新冠肺炎疫情，欧洲也正在采取与美国类似的做法。在应对新冠肺炎疫情的过程中，如果各成员国未能就采取共同的金融对策达成一致，那么欧盟未来的发展之路将变得凶险异常。西班牙、意大利和法国呼吁发行联合债券，将欧盟在市场上的借款集中起来，并为公共卫生和经济领域筹措额外的资金。但是德国和荷兰反对这一提议，两国称这些举措将招致新的金融危机，欧元区及其成员国都会受到影响。有 9 个国家支持发行全欧范围内的通用债务工具，德国等 4 个国家则持反对票。顺便说一句，这并不关乎资源浪费，这是一个经济层面的生死存亡问题。欧盟各成员国尚未就危机应对方案达成共识。近日，欧盟委员会主席冯德莱恩想提出一个使欧盟各国生活正常化的路线图，但欧盟各成员国愤怒的首脑们连话都没有听完便挂断了她的电话。

在习近平主席"一带一路"愿景的指导下，中国向所有受新冠肺炎疫情影响的国家捐赠了物资和设备，甚至派出了专家实地指导工作。这些举措在许多国家都受到了赞誉，这些国家也亲眼见证了中国治理模式的优越性。现在，人们明白了，如果一个国家能让人民享有良好的教育，并不分贵贱地为所有人提供医疗服务，那我们可以判定这个国家是富裕国家。中国关心世界上所有受疫情影响的国家，同时深化与世界各国在安全、经济和政治领域的关系。从这些举动可以看出，中国正逐步展现真正的自我形象。

世界在变化。以前，每逢全球性危机，美国总是第一个作出响应的国家，这为其赢得了声誉。现在，倒是那些被贴上"霸权"标签的国家正主动为世界第一强国提供人道主义援助。有人认为，新冠肺炎疫情下的美国已不再是那个我们之前熟悉的美国。这种观点恐怕要应验了。

塞尔维亚不选边站队。塞尔维亚对中华人民共和国所提供的援助表示无尽的感谢，尤其当疫情刚暴发，塞国内对新冠病毒知之甚少的时候，中国的医生来到塞尔维亚提供帮助。全世界所有国家都应该动议联合国大会通过一项决议，向中华人民共和国表示感谢，因为中国对武汉这座英雄城市实施了全面封锁，防止了疫情进一步蔓延。同时，多亏了中国领导人的英明决策，中国为全世界争取了宝贵时间，为全球抗击这场不可避免的灾害做好了准备。

全球治理须在合作中升级

2020 年 4 月 27 日

赵可金◎清华大学全球共同发展研究院副院长、教授。

从新冠肺炎疫情发展来看,大致可以分为三个阶段:第一阶段,疫情首先在东亚地区被报告,以中国联防联控机制为代表的疫情治理成效明显,为国际社会争取了时间。第二阶段,疫情在欧美发达国家蔓延,迄今为止疫情势头仍未得到控制。第三阶段,疫情向中东、非洲、拉美等地蔓延。疫情造成严重的经济衰退、社会停摆以及治理失效,深刻左右着世界政治经济的未来。

全球化不是逆转而是调整

随着疫情形势的日益严峻,不少人惊呼世界退回到孤立主义时代,认为全球化将会逆转,民族主义重新占据主导地位。其实,这是近年来逆全球化思潮和反建制主义逆流的集中体现,是对当今世界发展趋势的误判。

全球化是一个客观趋势,不以任何人的意志为转移。全球化是以科学技术进步和世界范围内的国际分工为基础的,世界经济的总规模和人口流动的总趋势仍然是全球化和城市化,规模扩张是不可逆转的。根据世界银行统计,世界 GDP 总量从 1980 年 11 万亿美元增至 2018 年的 85.79 万亿美元,国际贸易、对外投资和金融规模一直呈现扩张势头。根据《世界移民报告2020》的数据，全世界有2.72亿国际移民和7.4亿国内移民，目前已有55%的世界人口生活在城市，到2050年将达到68%。作为全球化的节点，城市人口增加意味着越来越多的人卷入互联互通大循环，人口在全球范围内高频流动是人类社会互联互通的大势所趋。

尽管近年来出现了日益强大的逆全球化思潮，全球化也展现出其两面性和复杂性的特征，欧美一些原本积极推动经济全球化的国家反而出现了逆全球化的思潮，反倾销、反补贴、反移民等形形色色的保护主义声音不绝于耳，各种排外的主张甚嚣尘上，但这些现象不过是全球化发展的自我调整，全球化的大趋势没有变化，深度全球化依然势头不减。疫情冲击可能在短期内造成暂时的经济衰退和社会停摆，长期来看仍然是全球化潮流浩浩荡荡，顺之则昌。

世界需要深度的治理合作

当下的疫情冲击，是全球化催生的各种全球性问题的集中释放。二战以后，整个世界以联合国体系为核心的国际政治秩序和以布雷顿森林体系为核心的国际经济和金融秩序依然稳固，全球治理水平进一步提高。疫情冲击仅仅是短期内造成了国际治理体系的困难，推动治理协作仍然是各国人民的共同呼声。

然而，这一国际秩序更多反映了西方发达国家的利益和要求，西方主导的经济全球化弊端也日益凸显。西方主导的全球化主要是经济全球化，更多反映资本的利益和要求，在社会、政治、文化、生态等其他领域缺乏相应的全球治理保障。总体来看，经济全球化一条腿长，全球治理一条腿短，疫情凸显了治理赤字，即便是最强大的欧美发达国家，由于缺乏全球治理的深度改革，也无法有效应对疫情。世界经济要想实现更好发展,治理体系和治理能力必须相应发展。魔高一尺,道高一丈。疫情冲击引发的不是全球化的倒退,而是全球化的自我调整,聚焦"治理赤字",实现治理升级。整个世界不仅要合作,而且要进行深度的治理合作,而非仅仅是经济合作。

其实,关于治理赤字的讨论来自所谓"金德尔伯格陷阱论"。美国麻省理工学院教授查尔斯·金德尔伯格在《1929—1939年世界经济萧条》一书中认为,20世纪30年代世界经济大萧条的根本原因在于国际公共产品的缺失,于是一些学者便将"金德尔伯格陷阱"界定为在全球权力转移过程中国际公共产品的供给缺失问题。当今世界经济发展不平衡问题日益突出,南北差距扩大和贫富分化悬殊严重,以及衍生出来的饥饿、疾病、难民、社会冲突等国际公共事务难题困扰着世界各国。全球性挑战的日益凸显,单边主义、保护主义思潮的抬头,令全球治理体系面临日益严重的危机。

变革方向:公平正义,公正合理

日益严重的治理赤字,要求推动全球治理体系和治理能力向着公正合理的方向发展。这种治理挑战不仅需要利益观的调整,更需要价值观的调整。因此,治理全球化的核心逻辑既不是零和博弈,也不仅仅是合作共赢,而是推动构建相互尊重、公平正义、合作共赢的新型国际关系,推动构建持久和平、普遍安全、共同繁荣、开放包容、清洁美丽的人类命运共同体。

强调公平正义,是中国对国际关系法则的突出贡献。2013年3月,习近平主席在访问非洲期间,首次提出真实亲诚对非政策理念和正确义利观。他在纪念中非合作论坛成立10周年研讨会上强调,"要讲感情,讲危难之中见真情"。面对新冠肺炎疫情这样的人类公共威胁,国际社会应该携手抗疫、共克时艰、守望相助、义利相兼,共同呵护人类赖以生存的地球家园。因此,坚持义利并举、义重于利,是一种强调国际公平正义基础上的正确义利观,为全球治理变革指明了前进方向。

全球协力合作，让危机催生变革、成长和进步的机会

2020 年 4 月 29 日

兹拉特科·拉古姆季亚（Zlatko Lagumdzija）◎波黑共和国前总理，北京师范大学"一带一路"学院特聘教授。

新冠肺炎疫情是一座分水岭，隔开了我们所熟知的时代和即将步入的未知将来。今后数月，我们所做的决定将极大地塑造未来世界。

在遭受疫情大流行冲击前，气候变化和全球治理一直是政治、商业和学术讨论的重大问题。疫情加剧了实现 2030 年可持续发展议程和改善全球治理的紧迫性。新冠病毒应当被视为大自然向人类发出的"大胆而清晰的警告"：大气持续变暖，森林和海洋不停遭受污染和破坏，许多物种正处于濒危状态。

危机会催生变革、成长和进步的机会，也会带来停滞、衰退或萧条的风险。后疫情时代的基调，取决于我们近期的决定。当前，国际组织面临两项重大任务——积极参与应对致命病毒的全球行动，以及自我重塑。

冷战后的短暂时期内，世界由一个超级大国主导；随后，新的多极世界逐渐成形。几十年来，美国一直是世界主要的经济和技术强国。但情况发生了改变，欧盟市场扩大，中国市场也具备了相当规模，技术在全球范围内得到普及和应用。

拥有6000枚核弹头和800个军事基地的美国无疑有最强大的军事实力，但过去几十年中接连的战争显然表明，依靠军事无法解决很多政治问题。当经济或技术霸权，以及知识、人才、创造力和创新领域的垄断逐步在人类社会进步中消解，任何不倚靠合作关系的策略都会站不住脚。

世界公共卫生与全球经济的双重挑战

不久前，在二十国集团领导人新冠肺炎疫情特别峰会前夕，我参与签署了由100多个国家元首和政府首脑，数十位诺贝尔奖获得者，企业界、学术界和民间组织领袖以及多边金融机构前领导人联名发表的致二十国集团政府的公开信。

公开信描绘了紧迫的路线图，呼吁立即采取国际协调行动，应对疫情导致的全球健康和经济领域的严峻危机。在2008—2010年经济衰退期间，我们尚可以通过弥合经济断层来克服危机。如今，各国只有相互协调、共同发挥全球领导力，有效解决公共卫生问题，才能化解危机。

当前这场公共卫生和经济问题交错的危机严重而紧迫。但仅认识到这一点还不够，危机的解决迫切需要全球领导人在上述两方面商定具体对策，并提供远超出现有国际机构能力的资金。这可以体现在两个方面：第一，紧急支持由世界卫生组织领导的全球卫生倡议；第二，采取恢复全球经济的紧急举措。

本次经济危机的化解是以战胜这场突发疫情为前提的，而这场公共卫生危机的结束并不取决于单个国家是否战胜了病毒，所有国家必须联合战疫才能取胜。

全球资金最充裕、最先进的卫生系统尚且在众多人员伤亡中苦苦挣扎，无法想象若任由疫情在非洲、亚洲和拉丁美洲的脆弱社区中蔓延，会是何等景象。在缺乏测试设备、医疗用品和呼吸机的地方，或难以实现社会隔离的地方，新冠病毒有可能长期存在，并再度向全球传播。

我们还呼吁，采取紧急的《全球卫生措施和经济措施》，压平双曲线，让全球民众平稳度过当前卫生和经济方面的"新冠海啸"，并为长期的全球复苏和复兴创造条件。

世界各国领导人必须立即商定紧急的全球卫生措施，包括提供世卫组织今年运转所需的 10 亿美元，全球疫苗研究需要的 30 亿美元，最贫困国家公平分配疫苗所需的 74 亿美元，以及开发疗法并提供 1 亿次治疗（到 2020 年底）所需的 22.5 亿美元。

世卫组织预计，仍需 350 亿美元来扶持卫生系统薄弱和有着显著脆弱人群的国家。世卫组织在报告中称，约有 30% 的国家没有制定国家层面的新冠病毒应对计划，只有一半国家制定了国家层面的感染防控计划。

"国家孤岛"模式无法应对当前危机

紧急的全球经济措施是应对世界经济问题所必需的方案，但这并不能替代各国政府的经济措施。我们应预防流动性危机演变为偿债能力危机，使得全球衰退变为全球萧条。

与 2009 年金融危机时相比，今天的国际金融机构已动员了更多可用资源，这进一步凸显了以下举措的必要性，即免除贫穷国家今年的债务以及国际货币基金组织和世界银行进一步评估发展中国家的债务可持续性。

采取全球卫生和经济的紧急举措，协调全球治理以应对气候变化和快速实施《2030年可持续发展议程》,都要求各国从"国家孤岛"模式转变为共享式全球领导。

与其离开陷入风暴的大船,穿着救生衣独自逃生,不如我们所有船员团结一致,以勇气、智慧和有效的组织来拯救整艘船及其乘客。

应对全球重大危机需要采取团结一致的国际行动。与此同时,我们还将看到各国,甚至各地区和城市做出许多自给自足的尝试,例如,采取措施维护国家电力和运输网络的完整性,以应对网络空间安全和经济威胁;增加本地生产的医疗设备库存;鼓励零售商经销更多本地制造的商品等。这将危及更广泛、更高质量的供应链,在此情形下,我们比以往任何时候都更需要国际机构,即使它有时显得非常僵化。

在后疫情时代,围绕全球和国家机构的辩论会很多。多边国际组织无疑是全球治理必不可少的参与者,它们同时也需要政治支持、彻底改革和资助。无论表现出什么弱点和失败,联合国都必须得到支持,并进行调整。

国际合作应成为未来时代的主导理念

在世界大部分地区,确诊和病亡人数仍在上升。压平病亡人数曲线是各国和我们所有人的首要任务。

疫情正危及我们的卫生、经济、教育系统和环境状况。

国际货币基金组织总裁预计,170个国家的人均GDP会出现萎缩。该组织近期发布了半年度经济展望报告,指出即使疫情短暂暴发也会给世界造成3%的GDP下降,并且由于新冠病毒"是个未知数",经济如果从2021年开始复苏,也可能历经连续数年的波折。

有证据表明,各国都需要通过公共和私人债务进行融资。这对国际金融机构提出了为发展中国家建立新的救济和发展机制的改革要求。

鉴于全球公共和私人债务总额几乎是全球年度GDP的3倍，这一任务挑战性极大。

意大利是欧盟中债务占GDP比重最高的国家，现在为维持经济和社会稳定，意大利不得不再举新债。如果石油需求崩溃，不同国家不知会面临何等境况。美国在过去四周失去了2200多万个就业岗位，而其在金融危机（2008—2010年）的106周中总共才流失了880万个就业岗位。有鉴于此，当前无人能对全球和各国经济全景做出准确展望。

各国应将教育重新定位为长期恢复和可持续发展战略的最新优先事项。联合国教科文组织警示，全球有一半的学生不在学校而在家，有91%的学生受到国家封锁的影响，191个国家暂时关闭了学校。

我们共同期盼着国际合作成为未来时代的主导理念，这需要基于信任、透明、正义和知识的共享式领导。

全球信息共享是今后战胜病毒或类似共同"敌人"的首要原则。人是社会动物，这是我们的优势，因为病毒无法彼此分享与人类对抗的技巧。但如果我们彼此分裂，病毒的传播优势就会凸显。

各国必须齐心协力、真诚合作，以打败人类共同的敌人。新冠肺炎疫情危机应被视为应对下一场更艰巨战斗的警戒。若我们选择全球团结与合作，而不是自私与分裂，我们不仅能战胜新冠肺炎疫情，也能战胜未来所有的流行病、共同威胁和"敌人"。

现在，我们应着力了解疫情大流行与气候变化风险之间的相似、差异和更广泛的关系。新冠病毒大流行正在影响我们应对气候变化行动的步伐和性质，而相关行动可以创造就业机会，提升经济复原力，推动资本形成，从而促进复苏。

在历史的这一章完结时，所有人要么团结一致，共同获胜，要么各行其是，尽皆落败。

我们应深入思考，如何构建具备适当资源和整体财务架构的全球公共卫生体系，并将其作为长期解决方案的核心。联合国、二十国集团国家政府和其他利益相关方别无选择，必须采取进一步行动，协调一致地寻求全球治理新结构。转变的过程会经历初时的艰难、过程中的混乱，但结果会是美好的。

在后疫情时代，若没有齐心协力的领导，不能展现出共同的愿景、价值观、责任、知识和教育，就不可能实现可持续发展所要求的变革。

对话、包容、学习和理解是组成人类共同未来的必要元素。

对 话

全球疫情中的文化关切：
治愈之力、复苏之力、激励之力

2020 年 6 月 24 日

伊琳娜·博科娃（Irina Bokova）◎联合国教科文组织前总干事。
肖连兵◎光明日报社国际交流合作与传播中心秘书长。

团结携手是应对全球威胁的正道

肖连兵：疫情暴发后，中国政府把人民的生命放在第一位，采取了一系列措施，领导中国人民成功地抗击了疫情；在全球疫情暴发后，中国积极向有关国际组织和许多国家提供援助。如何在疫情肆虐全球的大背景中看待中国政府抗击疫情的举措？

博科娃：首先我想说，随着新冠肺炎疫情暴发，世界正面临着第二次世界大战以来的严重危机，在政治、经济、社会和人道主义领域均受到前所未有的影响。无论发达国家还是发展中国家，都不能幸免。在疫情高峰期，由于公共卫生系统肩负重压，各国皆需援助。但受创最重的，莫过于发展中国家和欠发达国家，其卫生系统和经济、财政能力薄弱，难以应对如此危机。对于最脆弱的社会来说，这是危机中的危机。他们需要特别的帮助和支持。为此，有关国际组织勇立前线、多方动员，努力支持上述国家的卫生系统抗击疫情。

中国在成功控制国内疫情传播之后，通过提供重要的医疗用品和防护设备，对许多国家和国际组织鼎力相助，令人印象深刻。中国共向 27 个国家派出 29 支医疗专家组，已经或正在向 150 个国家和 4 个国际组织提供抗疫援助；为 170 多个国家举办卫生专家专题视频会议；中方指导长期派驻在 56 个国家的援外医疗队协助驻在国开展疫情防控工作。同样令人敬佩的是，中国地方政府、企业和组织向 100 多个国家捐赠医疗用品，表达出团结一致、同舟共济之意。中国国家主席习近平在第 73 届世界卫生大会视频会议开幕式上致辞时宣布：中国将在两年内提供 20 亿美元国际援助，用于支持受疫情影响的国家特别是发展中国家抗疫斗争以及经济社会恢复发展。这将为全球应对新冠肺炎疫情雪中送炭。

如果说开始是一些国家对中国伸出援手，那么后来就是中国在助力世界抗击疫情。这才是面对全球危机的应有之道——面对全球威胁，世界各国需要团结一致、携手应对。

肖连兵：这次疫情构成对人类卫生健康的严重威胁，凸显各国人民面对疫情有着共同的命运。因此，在二十国集团领导人应对新冠肺炎特别峰会上，中国国家主席习近平提出各国应同舟共济、守望相助。

博科娃：新冠肺炎疫情让我们看到，病毒可不管地理或政治边界，抑或以种族或宗教来区分的政治制度。它的袭击对象不分国家地区、不分男女老少。这是联合国和全人类在和平时期面临的最大挑战之一。疫情威胁是全球性的，需要世界共同应对。在人类近代历史上，全球行动和协调鲜有如当前一样对生命及和平如此关键。根据联合国贸发会议最新估计，新冠肺炎疫情不仅给人们带来悲惨后果，其引发的经济不确定性还将使全球经济在 2020 年损失 1 万亿美元。国际劳工组织预估，全世界将有 12.5 亿人失业或收入减少。联合国粮农组织提醒，必须确保粮食供应链和生产，关注全球粮食安全受到的威胁。这种局面史无前例，需要前所未有的团结一致和相互支持。

联合国在全球应对疫情过程中的作用非常重要。今年是联合国成立 75 周年，联合国应该毫不含糊地表明，多边主义很有价值且行之有效。我认为，习主席向二十国集团成员发出的呼吁，就是对联合国和国际社会携手应对共同挑战的支持。今天，单边主义已不可取。

应对疫情和谋划复苏，需要文化关切

肖连兵：疫情期间，有一个意大利的短视频广为流传：米兰市民在自家的阳台上拉起琴、吹起号、唱起歌，世界著名男高音歌唱家波切利在米兰大教堂前独自演唱。在法国，众多各界知名人士参加在家录制合唱的活动，表达对未来美好生活的向往；联合国组织了网上明星演唱会；中国暴发疫情后，捷克总统以举办音乐会的方式，声援中国人民抗疫。文化的力量、文明的力量，在这次全球抗疫中发挥了作用。

博科娃：欧洲多国著名歌手在阳台和空荡荡的公共场所现场演唱，为全世界数百万人带来希望，确实令人感动。在封锁隔离期间，音乐、戏剧和歌剧免费播放，博物馆和珍贵藏品在线开放，还可以在线参观远方的世界遗产，文化和艺术因而风靡家家户户。此情此景，展示了文化的治愈之力、复苏之力、激励之力、调和之力和想象之力。我相信，我们现在已经进一步理解和认识到文化和创作对整个社会和世界的重要性，二者既是应对危机的手段，也是创造更加公正包容美好的疫后世界的宣示。数字接入的重要性也众所周知，已成为我们生活的一部分。最后，这场危机揭示了文化在促进社会凝聚和心理健康方面的关键作用。文化是坚韧不屈、迅速恢复国力的强大源泉。

肖连兵：作为联合国教科文组织前总干事，您对全球疫情的暴发给国际社会在文化领域带来的影响如何判断？

博科娃：疫情中，联合国教科文组织世界遗产地空荡冷清，文化活动先后取消，文化机构纷纷关闭，社区文化习俗被迫暂停，文化遗产地掠夺和自然遗产地偷猎风险突增，艺术家无法维持生计，文化旅游业大受影响。新冠肺炎疫情对世界各地文化领域的影响正在显现。这种影响是社会、经济和政治方面的——它影响了接触文化的基本权利、艺术家和创作人员的社会权利以及对文化表达多样性的保护。当前危机有可能加剧不平等问题，使各个社会变得脆弱。

令我欣慰的是，联合国教科文组织最近再次发力，提醒国际社会注意新冠肺炎疫情对文化领域的影响。联合国教科文组织在今年"世界艺术日"（4月15日）发起了一项重要的新倡议，这一全球性运动旨在于此危难时期动员和支持世界各地的文化专业人员和艺术家，他们当中许多人要么丢了工作，要么失去了创造创作和为经济社会作贡献的机会。经济合作与发展组织也表示，疫情导致文创领域以及旅游业前景堪忧，上述行业由于突然丧失大量收入机会，损失最为惨重。公共博物馆、图书馆和剧院预算严重短缺，与其密切相关的许多小公司和自由职业者所受影响也最为严重。

此时此刻，在应对危机和谋划复苏时，我们更需要认识、融入并支持我们的文化关切。面对国际社会封锁边境和出现分歧的危险，我们还必须加强化解危险所亟需的全球思维和国际合作，以全球层面的适当资源和合作机制，包括文化合作，来努力解决问题。我们有机会再造天地，通过制定政策，进一步使文化能够发挥可持续发展第四支柱的作用。如此，我们可以更全面地了解世界，也可以促成更加强大、更加创新、更加宽容、更具弹性的未来社会。相反，值此危机时刻，如果不支持文化，将可能给本已得不到充分保护的创作者、艺术家和文化专业人员带来不可逆转的损失，并将损害许多文化习俗、资源和组织。这或将导致文化的各种表现形式——从遗产地、博物馆、图书馆和档案馆，到传统习俗和当代文化表现形式的丰富性和多样性——

都大幅萎缩，文化对更美好未来的贡献能力也可能严重弱化。

建设更美好的世界亟须多边合作

肖连兵：如您所知，坚持多边主义是中国的坚定主张。在后疫情时代，坚持多边主义更关乎世界发展的前景。

博科娃：要在疫情之后建设更美好的世界，亟须多边合作。联合国需在2030年前完成可持续发展议程，实现17个可持续发展目标（SDG）。因为疫情危机，完成目标面临着严重风险。我要提醒大家，可持续发展议程是联合国为推动国际社会参与促进共同目标，以应对经济、社会和环境挑战所作的重大贡献。

对联合国来说，当前的重大问题，是如何落实这项涉及人类和地球的战略构想，制定什么样的国家和国际政策框架，以在疫情危机之后实现可持续增长、社会包容、减少不平等和解决环境问题，而不让数十年成就付之东流。

中国为推进2030年可持续发展议程和完成17个可持续发展目标作出了重大贡献。此前，中国在实现千年发展目标方面已取得令人瞩目的进展。拥有世界五分之一人口的中国，已经成为第一个提前实现联合国千年发展目标的发展中国家，同时积极参与南南合作，帮助120多个发展中国家努力实现千年发展目标。中国开展了令人赞叹的"精准扶贫"，旨在于2020年前彻底消除中国农村的极端贫困，这比SDG议程提前了10年。习近平主席把精准脱贫定为三大攻坚战之一，并已产生了惊人成果。联合国在2019年年底发表最新《人类发展报告》之际，恰逢中华人民共和国成立70周年，报告认可中国所发生的显著变化——不仅在经济增长方面取得瞩目成果，更重要的是，拓宽了人类可持续发展成就的范围。中国在这方面的进步独一无二、令人敬佩——

它是世界上唯一一个从1990年低人类发展水平国家跃升为如今高人类发展水平国家的国家。世界期待疫情危机过后与中国分享相关经验。

我从2009年到2017年担任联合国教科文组织总干事，这8年中，我看到中国在联合国和联合国教科文组织内部的影响力不断上升。我前面也讲述了中国在保护遗产和将文化融入可持续发展方面所作的贡献。同样重要的，还有中国对联合国教科文组织科学和工程项目的坚定承诺。

对华合作凸显文化在全球发展中的重要性

肖连兵：2014年3月27日，您在联合国教科文组织总部欢迎中国国家主席习近平到访。您对这次访问有何记忆？

博科娃：我清楚地记得习主席当年在访问联合国教科文组织时发表的具有历史意义的演讲，他坚定地指出："当今世界，人类生活在不同文化、种族、肤色、宗教和不同社会制度所组成的世界里，各国人民形成了你中有我、我中有你的命运共同体。"后来的发展证明，这确实是一次历史性访问。此次访问并非偶然，证明了习主席相当重视联合国教科文组织通过教育、文化和科学"于人之思想中建设和平"的作用。

肖连兵：作为一个文化大国，中国历来重视与联合国教科文组织的合作。

博科娃：联合国教科文组织已与中国长期合作，将文化牢牢刻入联合国2030年可持续发展议程。我还记得2013年5月在杭州举行的"文化：可持续发展的关键"国际会议，这场会议颇具里程碑意义，其宣言在这个充满挑战的时代更具有现实意义。2016年在"联合国教科文组织设计之都"北京举行的世界首届联合国教科文组织创意城市峰会也是如此。中国已有12个城市积极加入联合国教科文组织创意城市网络，我感到自豪的是，这12座城市中，有11座是我在任总干事期间宣布成为上述网络一员的。这一重要的网络以人性化的面貌促进了社会包容和发展。

这一切都显示了中国在开辟文化新道路、使其有力推动创意创造和人类可持续发展方面的领导作用。中国再次向我们表明，一国觉醒总是始于文化意识，文化是国家凝聚力和创造力的重要源泉，是社会经济发展的支柱。在信息传输服务业快速发展的带动下，中国文化产业加速扩张。据报道，在过去10年里，中国文化产业增长了60倍，几乎达到GDP的4%，并影响到其他行业。技术的进步极大地推动了通过互联网和移动设备获得创造性内容和进行消费。这些出色的数字展示了文化促进社会经济发展和鼓励创造创新的力量。中国向世界表明，文化并非奢侈品，而是推动社会凝聚和社会包容的力量。

这些里程碑式的事件愈发凸显文化在全球经济和社会发展中的重要性，如今文化更是出现在关于疫情后该做什么的辩论话题中。

肖连兵：在很大程度上，与联合国教科文组织的合作，也是中国践行多边主义和人类命运共同体理念的重要途径。

博科娃：担任联合国教科文组织总干事期间，我见证了中国对于为实现重大可持续发展目标而分享经验和促进南南合作的坚定承诺。曾经文盲不少的中国，不仅成功克服了这个涉及人民尊严的重大挑战，还有效帮助了亚洲和非洲最不发达国家强化教育系统，推广相关价值，接触使用各种新技术，实现教育质量的跨越提升。联合国教科文组织把非洲作为全球优先事项，在此基础上与中国建立了强有力的伙伴关系。2012年我们启动了一个旗舰项目——联合国教科文组织援助非洲信托基金，该项目深入非洲国家的需求核心——支持10个撒哈拉以南国家的教师教育，帮助1万多名非洲教师掌握现代信息和通信技术技能来为扫盲和专业培训服务。该项目被公认为通过多边平台开展南南合作的范例。

学习古人智慧，助益人类发展

肖连兵：联合国教科文组织有一个很著名的"丝绸之路整体研究：对话之路"项目，与"一带一路"倡议中的民心相通理念相互呼应。

博科娃：习近平主席指出，我们要构建以合作共赢为核心的新型国际关系，打造对话不对抗、结伴不结盟的伙伴关系。这一愿望与我作为联合国教科文组织总干事的经历产生了深刻共鸣。"一带一路"倡议及其对文化交流、教育与科学合作的关注，应被视为丝绸之路的复兴。"一带一路"倡议力求在沿线各民族之间、各国家之间建立信任、信心和理解，塑造更加包容和平的社会，并让多样性得到尊重。

我很自豪的是，在我担任总干事期间的2014年，最大的世界遗产地之一——"丝绸之路：长安—天山廊道的路网"由中国、哈萨克斯坦、吉尔吉斯斯坦联合申报，被列入世界遗产名录。这项遗产总长达8700多公里，其中中国有22处遗产点，哈萨克斯坦有8处，吉尔吉斯斯坦有3处，包括宫殿建筑群、贸易聚落、佛教洞穴寺庙、灯塔、古道、驿站、关隘、烽燧、长城段落、防御工事、墓冢、湮没于偏远沙漠的宗教建筑和遗迹。长安—天山廊道这一充满活力的欧亚大陆文明文化连接通道，以独特的方式展示了其如何实现最广泛持久的文明文化交流互鉴的世界历史。它通过城镇发展，通过部分地区的水务系统，通过堡垒、灯塔、驿站和商队客店所构成的广袤网络，通过一连串的佛教堂殿和洞窟寺庙，也通过因高价值贸易而孕育滋养出的世界性，通过多民族社会所产生的祆教、摩尼教、景教和伊斯兰教等其他宗教的表现形式，体现出贸易对沿途的深刻影响。

为此，经过多国专家 7 年努力，世界遗产委员会于 2014 年决定将这项非同寻常的系列遗址列入世界遗产名录。2015 年 8 月，我参观了国际古迹遗址理事会西安国际保护中心，目睹了中国专家所做的重要工作。

肖连兵：在"一带一路"建设中，各方都感受到团结互信、平等互利、包容互鉴、合作共赢的丝路精神。在后疫情时代，又有哪些价值将在精神层面助益人类社会的发展？

博科娃：孔子提出过诸多伟大思想，令我铭记于心，包括"和为贵""求同存异""三人行，必有我师焉"，这集中体现了中国人对自然和世界的看法，与我们所有人都息息相关。当今世界，科学、通信和技术都涌现出巨大进步和机会；但同时，不平等、仇外、歧视和对抗问题亦呈上升趋势。我们需要学习古人的智慧，我们需要将人类发展作为公共政策和国际交流的核心，我们需要用新的道德规范来指导全球化和世界发展。

正如联合国教科文组织《组织法》中所述，"和平若全然以政府间之政治、经济措施为基础则不能确保世界人民对其一致、持久而又真诚之支持。为使其免遭失败，和平尚必须奠基于人类理性与道德上之团结"。我们比以往任何时候都更需要这种道德与理性上的团结，我们比以往任何时候都更需要一种"新人道主义"来完成我们今天的所有努力。

共塑疫后世界：更平等的全球化 更平衡的文明

2020 年 8 月 28 日

翁诗杰（Tansri Ong Tee Keat）◎马来西亚原副议长，新亚洲战略研究中心主席，丹斯里勋爵。

彼得·柯西尼（Peter Cosini）◎瑞士经济学家，独立撰稿人，世界银行和世界卫生组织前高级官员。

黄平◎香港中国学术研究院常务副院长。

王灵桂◎中国社会科学院国家全球战略智库副理事长兼秘书长。

世界秩序需基于伙伴关系和平等

翁诗杰：在过去的 30 年里，全球化成为世界大部分地区经济发展的催化剂，对发展中经济体尤为如此。全球化同时见证了以多边主义为前提的全球治理新模式的出现，多边主义已被视为解决全球关切议题的可行办法，并一直在协调国际社会应对若干全球性危机中发挥作用。近年来的成功实例，包括应对 2008 年金融危机、遏止埃博拉病毒。

经济全球化大幅度重塑了全球经济格局，然而，欠发达经济体对经济全球化依托的经济联通性和自由度却有着争议，认为经济全球化加剧了贫富国家之间日益扩大的经济差距，弱小国家容易获取的工业生产材料和劳动力供应链，乃至它们给商贸、服务所提供的市场，往往只沦为增添强国财富的工具而已。

新冠肺炎疫情暴发给全球化带来了一次大考验，促使国际社会必须采取协调一致的应对措施。不幸的是，美国背弃众望，缺席全球抗疫斗争，让国际合作备受阻挠。美国的一系列"退群"，包括最近宣布冻结对世卫组织的资金援助，清楚表明其执意反对国际合作的立场。

相反，中国迅速向疫情严重国家派遣医疗队，并提供物资，形成了鲜明的对比。遗憾的是，中国善意的人道主义援助，却被刻意描绘和夸大为旨在扩大中国地缘政治影响力的宣传手段。中国疫情的应对迅速有力，死亡率相对低，这更惹恼了华盛顿，让美国霸权的自豪感受损。所谓北京捏造疫情死亡率和发病率数据这类毫无根据指控的出现，自然也就成为意料中的事。同时，中国抗疫经验的分享，也被指责为"输出中国独裁模式"——这简直已经语无伦次了。拒绝吸收非英语国家人民的经验，似乎已成为西方必然的傲慢。友爱精神已被抛掷窗外，这大大损害了国际合作。

王灵桂：全球化的本质是思想、物质和生产的全球联通。随着火车、汽车、飞机的大规模商业使用，空间距离被大大压缩，真正意义上的全球化开始出现。互联网的出现又丰富了全球化的形式和内涵，让全球之间的联系从来没有像今天这样便捷快捷。说疫情从物理上隔绝了人们之间的联系，只对了一半。因为网络世界的联系不但没有受到阻隔，反而得到极大的发展。各种远程诊断、远程教学、云端会议和网上消费等得到快速发展，就是典型的例子。疫情期间全球化的这个特点，将在疫后继续得到发展。网络手段的极大丰富和多领域运用，将是疫后全球化的主要特征之一。全球化对世界发展的意义并没有改变。互联互通是人类的本性，也是实现人类幸福的手段与途径，从古至今这个特点没有改变过。疫后全球化不但不会停止，反而会以更加崭新的形式和更加丰富的内涵呈现并造福全世界人民。

彼得·柯西尼：新自由主义经济学已经将贪婪、不平等、剥削和资源枯竭"正常化"。这在很大程度上缘于越发肆无忌惮的极端资本主义。全球金融某种程度上现在仍然是由美元体系主导，该体系通过制裁和没收资产来实现对全球经济和全球财富的完全控制，并在美国及其西方盟友的配合下胁迫持不同意见的国家。

国际劳工组织初步估计预测，全球约有16亿人失业，约占全球劳动力的一半，其中许多人在疫情暴发前就生活在不稳定的条件下。世界粮食计划署担心数亿人可能遭受饥荒。

中国将在新兴世界秩序中发挥重要作用。这种世界秩序不是由西方精英所设想而成，不是为了筑墙，而是建立在伙伴关系和平等基础上，以和平方式避免冲突并解决冲突。疫情危机逐渐唤醒人类的新意识，这种新意识我们一直拥有，但却淹没在事物的洪流中——贪婪、权力、舒适以及对弱势和贫困人群的忽视。

疫情考验各国应急与组织动员能力

彼得·柯西尼：新自由主义理念将一切私有化，尤其是社会服务和基础设施的私有化，摧毁了人们积累的资产基础——将社会资本从底层转移到顶层，转移到西方私人银行和少数寡头手中。这就摧毁了较贫穷国家可能好不容易建立的、为数不多且往往脆弱的社会安全网——原本安全网能够在因新冠肺炎疫情造成贫困激增的情况下发挥作用。中国愿意与世界分享其巨大的发展成果，这与西方的一贯做法相反。中国选择合作而不是竞争，受利润驱动的西方资本主义很难理解这种概念。

中国从70年前的零基础出发，发展成为全球第二大经济体。中国是社会主义成功的生动例子。中国是从不寻求冲突或侵略的国家，是努力发展伙伴关系并提倡和平共处的国家。中国提出"一带一路"倡议，通过和平和双赢，搭建各国人民之间的桥梁。这是 21 世纪发展的基石，它标志着不同条件下的全球化——基于平等的全球化。伙伴国家是在邀请而非胁迫下参与这项伟业，以陆路和海上路线跨越世界，开展贸易等各种交流，为新技术和社会科学带来源源不断的想法，推动人类和平互动。

黄平：我们正在见证着百年未有之大变局。不确定性本身成了最大的确定性，社会失范、政治失序、制度失灵、安全失控、精英失职，在西方国家已不是个别现象；国际关系重组、国际秩序重建、国际格局重构，是正在或将要发生的事情，不论人们愿意不愿意。2020 年又平添一大变数——新冠病毒全球蔓延，围绕疫情的诸多流行病学问题仍无确切答案，疫情带来的经济社会停摆仍未结束。

迄今我们所知所熟所用的国际层面的制度、机制、组织，更多的是二战结束后为了防止人类再度陷入战争，为了在和平基本能维护的环境下谋求经济社会发展，而很少是为了预防和制止病毒大流行，连这方面的专业人员、预算经费、组织架构、体制机制也都相当薄弱，在有的国家甚至形同虚设。这给有效抗疫增添了难度。概括起来，第一，这次疫情暴发，所有人和国家、政府、组织、机构，谁都没有先见之明、提前知道，更没有人提前知道如何妥善应对，所以根本就没有任何理由去无端猜忌别人一开始没有采取更高明的措施，更没有资格去事后诸葛亮般地指责别人为什么没有做得更好。第二，这次病毒降临，对所有人和国家、政府、组织、机构，都是一次大考，经受考验的，不是某种抽象的概念，而是实际的应急与组织动员能力，尤其是面临紧急的公共卫生危机时的应急能力和治理能力，其中包含但不限于：国家的组织力、民众的配合度、社区的管理水平、个人的行为自觉、防疫体系的健全性与可行性、医护人员的专业水平与奉献精神，等等。第三，这次疫情蔓延，使本来就还没有从 2008 年金融危机中完全恢复过来的各国经济变得更加低迷,失业人数之多已经成了某些大国自大萧条以来最为严重的经济社会问题,故也无法从原有版本的经济政策中直接找到解困之道,包括试图逆全球化而上,不仅要自我"优先",而且不惜单方面"脱钩"。最后,这次抗疫对所有人和国家、政府、组织、机构,都是全新的挑战,使本来就已经高度不确定的世界变得更加不确定,使我们本来就面临认识范式与治理方式转换的巨大压力变得更加沉重。

王灵桂: 一个时期以来,全球化到底还有没有前途的问题,引起国际社会普遍担忧。其中,美国因素是造成人们困扰的主要原因。作为世界上最大的发达国家,美国对外政策由全球扩张向孤立主义回调;美国正在失去领导意愿,又不愿意别国发挥某种补充作用;随着国际新生力量的不断崛起,美国开始重新评估其构建的开放、多边的国际规则体系在保障其实现自身利益方面的效率,其政策取向由"全球模式"向半封闭乃至封闭的"俱乐部模式"转变;美式自由主义主导的世界秩序观和国际规范,强调美国样本的普世性,在某种程度上导致了美国与其他大国之间的矛盾和冲突;西方主流价值观遭遇质疑,西方社会分裂加剧,既体现在精英阶层内部的分化,也体现在保守力量与自由主义建制派的政策分歧,还体现在精英阶层与公众之间的认同分歧和矛盾。因此,一个时期以来国际社会普遍担忧的所谓"逆全球化",实际上是美国政策犹疑和多变造成的不确定性。这个特征在当前抗击疫情中得到了淋漓尽致的体现。从这个意义上说,疫后的全球化将不会再是美国一家独大,而是多种力量共商共建共赢的格局。

丛林法则只会让世界陷入混乱

黄平: 我们面对的一个大问题是:人类究竟能否在突如其来的大

危机大灾难大瘟疫面前携手共同应对？进入21世纪以后，一者以资本、商品、服务、科技、信息和人员的大流动为特征的本轮全球化以超越西方世界原来所设想的广度和深度迅速发展，二者非西方国家和地区在这轮全球化中以几百年来没有先例的规模、速度和势头成为世界格局中的重要力量。在这种情况下，世界是继续按照事实上的丛林法则玩零和游戏，还是有可能走出一条不同的互鉴互补、合作共赢的道路？如果没有这场突如其来、全球蔓延的大疫情，也许很多人会对非零和非丛林的新秩序新格局继续怀疑或保留，内心仍认定无论是经济竞争还是政治博弈，都只能是你少我多、你输我赢，甚至是你死我活。但是，一场瘟疫天灾让我们越来越看到病毒是人类的共同敌人。没有共同敌人，就感觉不到有共同利益；没有共同利益，就谈不上共同责任。如果利益不分享、责任不共担，命运共同体就似乎离我们还太遥远。

如果没有哪怕仅仅是针对这一次全球性公共卫生安全挑战而进行的艰苦努力，而继续走各自为政之路，不但舆论上对人"甩锅"，而且仍然遵从丛林法则、信奉零和游戏，那就不只是病毒会持续蔓延，病死人数会持续攀升，各国的卫生体系会面临崩溃，正常的经济和社会生活无法恢复，而且世界真的可能再度陷入大混乱、大萧条。反过来说，我们面临的这次大疫大考，使得人类命运共同体不再只是一个美好的愿景。由于病毒蔓延、病人剧增，在生还是死这个终极命题面前，人类迈向一个更开放、更公平、更可持续的全球化，并携手共建一个健康共同体、命运共同体，就成为现实的理性选择。这么说来，新冠肺炎疫情将永远改变世界，而不是疫情之后世界又回归过去。

翁诗杰： 当前疫情引发了对全球化现有模式的有效性重新审视的思潮。在全球一些民粹主义政客的鼓吹下，披上民族主义外衣的单边主义正不断升级，我们明显更需要对此思考。必须承认的是，这次百年一遇的疫情是检测国际合作和团结的试金石。目前全球经济前景总体呈现悲观严峻态势，人们普遍认为新冠肺炎疫情之后的全球化，势将面临最大的考验。值此人类可能面临越来越多生存挑战之际，与全球合作相对立的民族主义和单边主义，只会让世界以更快的速度毁灭。

新冠病毒肆虐是一个警钟，提醒我们，在灾难面前，人类命运相同，只有通过集体的智慧和团结，我们才可能生存下来。国际社会必须重塑全球化的现有模式，以免为时已晚。迫切的生存威胁与抗灾救援的问题，理应更受到重视。重塑的全球化应该超越经济领域，并且必须从过去的不足吸取教训，让新阶段的全球化摆脱任何霸权主义国家的控制。国际合作机构也必须被赋予足够的资源，以能够履行职责，建立一个没有政治干预的共生模式。

王灵桂：美国主导的全球化进程受阻与西方保守力量回调，将在各个领域影响国际秩序和国际规范。美国的抗疫表现说明它的软实力不复当年，美国不愿承担全球化和全球治理中的领导责任，国家内部斗争愈演愈烈。西方和美国的乱象表明，世界也许需要进行适当平衡。

新的全球化将从疫情危机的灰烬中诞生

彼得·柯西尼：新冠肺炎疫情暴发以来，世界也许要经历权力的巨大转变，向更平衡的文明、更强的社会正义和公平转移。中国经济很强劲。尽管实际上大概停滞了两个月，中国经济已基本复苏，而西方国家还在努力寻找合作和经济改革的共同点。国际货币基金组织预测，2020年全球国内生产总值将下降3%，2021年将略有增长。国际货币基金组织预计中国2020年将有1.1%的温和增长量。这两个数字可能都被低估了。鉴于全球经济大规模衰退，2020年全球国内生产总值可能高达-10%至-15%。另一方面，中国经济已经相当迅速地复苏，公共银行部门必须解决经济的弱点。正如中国人民大学国际货币研究所的首席经济学家所说："我们谈论的是有质量的增长"，这意味着侧重于人们需求的社会层面。中国将推进"一带一路"倡议这一21世纪的社会经济发展计划，并扩大其倡议的合作伙伴和准成员，目前已有超过160个国家和地区参与。由于疫情灾难，国内生产总值下降，而外债与之相反不断上升。习近平主席在第73届世界卫生大会视频会议开幕式上宣布，中国将在两年内提供20亿美元国际援助，用于支持受疫情影响的国家特别是发展中国家抗疫斗争以及经济社会恢复发展。中国将同二十国集团成员一道落实"暂缓最贫困国家债务偿付倡议"，并愿同国际社会一道，加大对疫情特别重、压力特别大的国家的支持力度，帮助其克服当前困难。

  新的全球化将从疫情危机的灰烬中诞生。"一带一路"倡议作为一种新工具，可以让有自信的伙伴国不必担心因渴望维护自身主权而受到"制裁"。而以美国为首的个别国家，可能不喜欢"改变游戏规则"。因此，在可预见的未来，中国可能无法免于西方的抨击和打压。背后的原因并不是美国所谓的"疫情内疚"或管理不善或贸易不公。这些不实指控意在诋毁中国，希望破坏或削弱世界对中国经济的信任。中国央行不久前在深圳、苏州、成都和雄安在内的多座城市试运行了新推出的加密货币——电子人民币。终有一日，新的网络货币将在国际上得到推广，用于贸易、大宗商品定价，甚至充当安全稳定的储备货币。数字区块链货币保证了用户的整体安全，不受外界干扰。这是免受"制裁"和随意没收的保护。这也将为中国的经济实力增加一个新维度。让我们畅想一下平等的全球化世界——人类命运共同体。这种全球化能够服务于所有国家，比如充当欧洲在严重的新冠肺炎疫情中恢复的工具。

  王灵桂：有两个消息能对我们预测未来全球化的基本图谱有所启

示。5月27日,德国总理默克尔公开发表演讲指出:由27个成员国组成的欧盟与中国的关系将成为其政府的重中之重,"我们欧洲人将需要承认中国在国际体系的现有结构中占据领先地位的决定性作用",她还表示将与中国达成一项投资协定,并在应对气候变化和全球健康方面密切合作。5月30日,新加坡《联合早报》发表文章称,东盟十国和中国承诺致力维持开放市场、避免实行不必要的贸易限制措施。此前,东盟十国和中国的贸易部长还联合发表了"对抗2019冠状病毒疾病和加强《东盟—中国自由贸易协定》合作"的联合声明,重申将密切合作以对抗疫情,并呼吁共同减缓疫情对全球和区域贸易与投资的冲击;承诺迅速有效地分享抗疫信息和经验,"展示东盟—中国面向和平与繁荣的战略伙伴关系的精神"。习近平主席不久前在有关会议上强调,要大力推进科技创新及其他各方面创新,加快推进数字经济、智能制造、生命健康、新材料等战略性新兴产业,形成更多新的增长点、增长极,着力打通生产、分配、流通、消费各个环节,逐步形成以国内大循环为主体、国内国际双循环相互促进的新发展格局,培育新形势下我国参与国际合作和竞争的新优势。这充分展示了中国坚持改革开放的巨大决心,给世界吃了定心丸。未来,多元发展、合作共赢的全球化前景一定会更加光明,一定会更好造福世界人民。

人类社会须在疫情应对中塑造共赢未来

2020年10月16日

吉姆·奥尼尔（Jim O'Neill）◎英国皇家国际问题研究所主席，英国前财政部商业国务大臣。

刘晓明◎中国驻英国大使。

肖连兵◎光明日报社国际交流合作与传播中心秘书长。

疫情给世界带来全方位冲击

肖连兵：尊敬的刘晓明大使、奥尼尔先生，非常荣幸主持你们应邀参加的"光明国际论坛对话"。迄今，新冠肺炎疫情还在全球肆虐，人类正遭遇本世纪以来最重大的公共卫生突发事件，你们如何看待这次疫情对人类社会的冲击？

奥尼尔：从某种程度上说，现在还无法确切地回答关于疫情范围、程度、影响的问题，要下定论还为时过早。传染病专家似乎坚定地认为，此类传染病不会简单地自行消失，因此，如果没有有效的疫苗或治疗方法，疫情可能导致更严重的后果。希望高等院校和制药公司发出的积极信号都能得到证实，这样我们就可以得出更具体的结论，并从这场疫情中走出来。

就规模而言，有两件事显而易见。首先，这是世界上大多数人有生以来遭遇的第一次真正的全球性流行病，从这个层面来说，可以载入史册。我估计，南极洲等地或能逃过一劫，但其他地方却难以幸免。其次，各国政府纷纷采取措施，努力减少感染者数量，避免死亡悲剧。疫情来势汹汹，各国经济停滞，损失惨重。在2月份的中国，工业生产等典型月度经济数据大幅下降。许多其他国家也陆续出现类似指数下降的情况，3、4月份是欧洲各国，又随着疫情蔓延到美洲等地。尽管有数据表明，自4月起，中国、欧洲和美国经济先后呈现显著复苏迹象，但许多独立专家估计，疫情造成的全球性影响可能使全球GDP在2020年第二季度下降10%，国际货币基金组织也预测全球经济增长率将大幅下降。前景充满变数，若无灵活有力的货币和财政政策，全球经济将会受到更大打击。

就疫情对社会影响的范围和程度而言，事态仍在演变，大势尚未明确，但我们可以作出推测性判断。从消极一面来看，许多企业严重亏损，世界多国出现企业关停倒闭的现象，汹涌的失业潮向我们袭来。对于在世界多国即将到来的失业潮，许多分析人士所持态度非常消极，因此，人们深忧我们已经进入了一个新时期，社会的许多不平等现象正在持续加剧。结局不一定会如此惨淡，因为如果我们能尽早研发出有效的疫苗，经济活动可能会大幅提振，更多的就业机会也会随之涌现。

刘晓明：人类社会的发展史就是一部不断战胜疫情的文明史。百年未遇的新冠肺炎疫情肆虐全球，给人类社会带来全方位冲击，疫情影响仍在不断发酵，我认为至少体现在以下几方面：

一是给人类健康带来重大挑战。此次疫情是近百年来人类遭遇的影响范围最广的全球性大流行病。截至目前，疫情已造成全球3800多万人感染，超过109万人病亡。疫情表明，重大传染性疾病仍是人类生命安全和健康的严峻挑战，全球公共卫生应急体系和能力建设亟待加强。

二是给世界经济带来严重冲击。疫情导致国际贸易和投资大幅萎缩，国际产业链供应链面临调整，世界经济陷入严重衰退。国际货币基金组织预计，2020年全球经济将萎缩4.4%，中国经济则将增长1.9%，将成为全球唯一正增长的主要经济体。各国复工复产正在逐步推进，但全球经济复苏路途艰难。

三是给全球治理带来严峻考验。无论是应对疫情，还是恢复经济，都要坚持多边主义，都要走团结合作之路。但个别国家却固守本国优先，奉行单边主义和保护主义，借疫情搞"经济脱钩"，对别国污名化，甚至鼓吹"新冷战"，二战后建立的全球治理体系和多边机制正经受严峻考验。

四是给人类发展带来深刻反思。疫情全球大流行这种重大公共卫生突发事件不是第一次，也不可能是最后一次。国际社会更加深切感到，人类是休戚与共的命运共同体。越是面对困难挑战，越要凝聚共识、共克时艰。越是面临猜忌疑虑，越要加强文明交流互鉴，促进共同发展。我坚信，人类终将战胜疫情，必将迎来更加美好的明天。

新冠肺炎疫情发生以来，中英两国携手抗疫，取得积极进展：其一，保持政策协调。两国领导人密切沟通，习近平主席与约翰逊首相一个多月时间里两次通电话，就加强抗疫合作达成重要共识。其二，加强经验分享与研发合作。中英专家就疫情防控等深入交流经验，两国高校、科研机构、医疗公司在病毒检测、疫苗和药物研发、临床诊治等方面不断加强合作。其三，提供物资支持。中英各界在对方抗击疫情关键时刻，均及时伸出援手，相互提供宝贵支持。其四，促进国际合作。中英都支持世界卫生组织发挥协调全球抗疫的核心作用，支持加强二十国集团框架内抗疫合作，呼吁国际社会携手为广大发展中国家提供支持，加强三方和多方合作。当前，全球疫情形势依然严峻，中英可携手为国际抗疫合作作出新贡献。中英在新冠疫苗研发方面走在世界前列，可加强疫苗研发科研攻关合作，推动加快疫苗生产和上市使用。中英还可通过双多边渠道加强沟通合作，支持世界卫生组织在统筹疫苗研发等方面发挥核心作用，推进疫苗在发展中国家的可及性和可负担性，积极探讨中英非三方卫生合作，携手促进全球公共卫生治理。

肖连兵：英国的《柳叶刀》杂志以专业精神向英国和世界客观介绍新冠病毒的起源。刘大使，您如何看待专业媒体在疫情中的角色和作用？

刘晓明：病毒不分国界、种族，团结合作是人类战胜疫情的唯一选择。在这命运攸关、风雨同舟的关键时期，媒体不仅仅是信息的传播者，更是全球抗疫合作的宣传者。面对危机，专业媒体在发布信息、分享经验、凝聚共识、促进合作等方面发挥着不可替代的重要作用。

面对部分西方政客"甩锅"中国，以《柳叶刀》杂志为代表的专业媒体仗义执言，代表了英国医学界、科学界有识之士的专业判断与公允之见，是对所谓中国"隐瞒论""责任论"等各种谬论的有力回击，有助于英国以及国际社会正确认识中国对国际抗疫合作的重要贡献和大国担当，有利于为国际社会携手战"疫"营造客观理性的良好氛围。

我衷心希望，专业媒体能秉持责任感和使命感，本着客观、公正、真实原则，发出理性声音，凝聚各方力量，为推进国际防疫合作，早日战胜疫情，维护全球公共卫生安全作出贡献。

后疫情时代须善用积极的结构性趋势

肖连兵：人类社会将进入后疫情时代。在你们看来，后疫情时代的特征是什么？将会发生哪些变化？如何从转危为机的视角看待疫情的影响?

奥尼尔:同为事实的是,一些积极的结构性趋势似乎正逐渐显现。实际上,自2008年金融危机以来的大部分时间里,许多发达经济体的生产率数据一直表现平平,在我看来,这已成为未来最大的长期经济挑战。这在很大程度上应归咎于所谓的服务业经济明显呈现颓势。尽管技术有所进步,至少在表面上取得了许多观察家认为应该有用的进步,但社会、企业和政策制定者似乎都难以提出提高生产率的良策。现在,我们可能已经无意中发现了一些力量,这些力量正助推生产率提高,这并非天方夜谭。我的脑海中浮现出三个方面的场景:第一,转为居家办公状态。一些人目前是全时居家办公,而另一些人则是暂时而灵活地在家工作,许多专业服务人员仍然可以从事与以前一样的工作,但无须再将时间花在城市通勤上。他们可以根据需要进行工作,但之前的压力已不复存在。许多企业,无论是金融服务业公司还是科技公司似乎都表示,尽管其员工不在办公室,但公司收入仍然持平甚至有所增加。第二,越来越多消费者在网上购物,这当然增加了许多实体店的压力,但也确实表明零售业正在提高其生产率。英国最近一个月的数据显示,虽然报纸上每天都有商店关门的报道,但总体零售额正在以惊人的势头强劲增长,整体水平高于去年。第三,卫生系统所面临的压力似乎也在促使卫生部门作出结构性反应,这也可能意味着其效率将开始大幅提升。上述场景的一一实现意味着新的工作岗位需求在其他领域不断产生。这将实现非常必要的生产率提升,从而强化增长趋势并提高收益。

对于很多其他可能产生的后果,我们同样可以初步做出一些判断。首先,许多国家的人民现在可能会进一步意识到自身行为对同胞的影响。我认为,包括中国在内的许多东北亚国家,由于其文化及以往应对疫情的一些经验,都有这样一种习惯。但如果这种习惯在西方也能实现，那么将显得十分新颖，而且值得欢迎。当然，这也可能只是权宜之变，一旦疫苗或有效的治疗方法问世，人们会立即恢复旧习。让我们拭目以待吧。第二个问题当然是关于大城市，特别是伦敦、纽约等超级城市。由于人们要保持社交距离、在家工作、害怕使用公共交通工具，许多城市甚至到了9月初，也就是最严的封城措施结束几个月后，都还是一片空寂荒芜。许多人对此感到相当震惊，因为人们认为经济增长、文化娱乐和社会的许多方面都来自于人与人之间的亲近关系。我们很可能已经看到了大型城市生活的高度集聚达到顶峰，也见证了小城镇的出现。再说一次，现在下结论还为时过早，许多消极或积极的后果都有可能产生，一切尚无定数。

本次疫情更具挑战性的一点在于，某些国家偏离了过去30至40年的常态，变得更加"内顾"。这一点在美国尤其显著，而英国在某种程度上亦是如此，当然，其他地方也初见端倪。我认为有必要在这方面加以强调，这似乎是一种普遍情绪，而疫情的出现只是加重了这种情绪，不管其是否合理。故事往往都有两面。尽管全球化取得了成功，我也一直是全球化最坚定的倡导者和支持者之一，但不可否认的是，政策制定者和企业在推动转型方面做得不够，也没有尽力帮助那些在全球化进程中失利的国家。这些情况使得特朗普总统在2016年意外赢得大选，也让英国选民居然公投决定脱欧。让人大吃一惊的是，不少传统的英国中左翼工党选民也支持了这一决定。这些未获满足的低收入工人，通常但不总是来自传统制造业领域，他们认为全球化给其个人造成了损失。我不同意这些观点，但其并非毫无根据，西方国家政府应该在教育、再培训、技能等方面强化措施来助其转型。那些选择从反华情绪中牟利的政客们，可能会从各个方面扭曲、利用这种情绪。在这种情况下，我想说，中国的政策制定者需要探索不同方式与世界其他国家进行接触。当前认为"中国正试图超越世界""输出其治理模式""不惜任何代价以达到目的"的民粹主义说法，仍有可能进一步抬头。这可能非常危险，而且会对和平与发展的时代主题构成进一步挑战。

要想快速改善上述情况，可以借助今年由沙特阿拉伯担任轮值主席国的二十国集团机制。与2008年金融危机的全球政策反应相比，此次疫情期间全球政府合作水平相当低下，这一大反差令人失望。事实上，在4月的国际货币基金组织会议上，二十国集团甚至未能发表一份公报。考虑到迫切需要更多资金用于全球疫苗公平分配以及增加国际货币基金组织的资源，二十国集团的表现令人忧虑。中国决不能因为美国本届政府对其进行孤立而过于踌躇止步，因为中国确实举足轻重，世界迫切需要中国通过二十国集团重新发挥强大的领导作用。

刘晓明：当今世界正经历百年未有之大变局，疫情大流行使这个大变局加速变化。世纪灾疫与百年变局相互交织叠加，使人类社会发展再次走到了进步还是倒退、团结还是分裂、开放还是封闭的十字路口。总的来看，在后疫情时代，人类社会发展可谓机遇与挑战并存，机遇大于挑战。

第一，和平与发展仍是时代主题，但面临新的风险挑战。当今世界全球性挑战层出不穷，但和平、发展、合作、共赢仍是世界各国的普遍愿望。个别国家逆势而动，蓄意在国际上挑动意识形态对立，公开胁迫别国选边站队，企图在世界拉下一道"新铁幕"，制造一场"新冷战"，把世界推向动荡和分裂。世界各国有识之士都应对此高度警惕、坚决反对。

第二，世界进入动荡变革期，国际格局正加速深刻演变。新兴市场和发展中国家持续崛起，国际力量对比更趋均衡。世界面临的不确定和不稳定因素明显增多，大国互动加快国际政治关系分化重组，全球化曲折前行推动世界经济格局演变，传统和非传统安全挑战交织频发考验国际安全治理，同时新一轮科技革命和产业变革重构全球创新版图，不同文明交流互鉴助力人类社会发展进步。

第三，中国成为推动时代进步的重要力量，必将为人类发展进步作出更大贡献。面对纷繁复杂的国际形势，中国始终做世界和平的建设者，为国际格局演变不断注入正能量；始终做国际秩序的捍卫者，为全球治理体系不断增添稳定因素；始终做全球发展的贡献者，为世界经济增长不断提供强劲动力；始终做公共产品的提供者，为广大发展中国家提供力所能及的帮助。历史已经并将继续证明：世界好，中国才能好；中国好，世界才更好。

肖连兵：站在进步还是倒退、团结还是分裂、开放还是封闭的十字路口，面临百年未有之大变局，国际社会如何预防下一次重大疫情危机？

奥尼尔：我想说以下三点：

第一，如前所述，我们需要加强和改进现有国际治理体系，特别是世界银行、国际货币基金组织、联合国、世界卫生组织、世界贸易组织和二十国集团。这些组织虽然都有缺点，但均位于全球治理中心。用最受欢迎的中文词汇来说，如果能够改进，我们最终会得到"双赢"结果。

第二，经过这些年，我愈发坚信，我们需要改进全球资本主义的运作模式。不仅在全球化进程中诞生了明显的输家，而且经济社会中有太多市场失灵的迹象，目前的资本主义体制似乎没有能力或意愿解决这些问题。我们面临着两个巨大的挑战，分别是气候变化和抗生素耐药性，这两个问题都是与这场疫情一样大甚至更大的挑战。许多企业十分擅长实现利润最大化，也非常善于利用现有规则，即使其行为会给社会带来负面的外部效应。同样，许多企业并不经常将社会所遭遇的挑战视为自己面临的问题。只要他们的消费者想购买其产品，那他们的使命就完成了。在我看来，这还不够。公司需要去发现"有目标的利润"，即试图优化一系列目标，包括员工和利益相关者的需求，而不仅仅是股东的需求。我认为，要实现这种转型并不容易，但很有必要。

第三，具体地讲，我们需要对我们的卫生系统进行重新思考并加以定位。在我的职业生涯中，我做过的最有趣的事情之一，就是主持一项独立的抗生素耐药性评估，而我所做的不仅仅是让卫生部长们参与，而且是让市场主体和财政部长们也参与，让他们意识到这个项目的重要性，我取得了一定程度上的成功。但因为我们没能将上述议题列入二十国集团议程，所以我还不够成功。奇怪的是，这场疫情却推动了财政投入，使这一项目完全取得成功。这意味着，我们必须更重视影响商业人士和金融决策者，让他们相信我们需要将卫生投资放在与建设机场和道路同样重要的位置，尤其是在培养恢复力方面。我希望这一切都能实现，否则在不远的将来，我们将面临另一场巨大的全球卫生危机。

刘晓明：疫情是一面镜子，折射出国际社会错综复杂的形势。我认为，后疫情时代国际社会要健康发展，须共同做到以下几点：

一要坚持多边主义共识，反对单边霸凌。当前，单边主义不断抬头，个别国家将一己之私凌驾于他国之上，肆意毁约退群，严重威胁二战后建立的多边机制和国际秩序。国际社会应旗帜鲜明地维护多边主义，维护《联合国宪章》宗旨和原则，维护国际关系基本准则。

二要坚持团结合作共识，反对对立对抗。团结合作是国际社会战胜疫情最有力的武器。然而，个别国家自身抗疫不力，动辄"甩锅"他国、散播政治病毒，借疫情大搞政治操弄，鼓动意识形态对立，妄图发起"新冷战"，这完全是在开历史倒车。国际社会要加强团结合作，共同对违背时代潮流之举说"不"，坚定站在历史正确的一边。

三要坚持文明互鉴共识，反对制造隔阂。中国向来主张和而不同、美美与共，不同文明应互尊互鉴，共同进步。政治和社会制度差异不应成为文明交流的障碍，国际社会应超越地域种族、历史文化乃至社会制度差异，坚持拉手而不是松手，坚持拆墙而不是筑墙，坚持合作而不是脱钩，增进彼此理解和信任，推动不同文明和谐共生、交流互鉴、共同发展。

"全球化什么时候会结束？我看不出任何苗头"

肖连兵：在谈到关于疫情的冲击时，您提到了经济全球化问题，在疫情期间，经济全球化受到质疑。在后疫情时代，全球化会终止吗？国家之间的经贸往来会脱钩吗？全球化的发展趋势是什么？我想请你们谈谈这一话题。

奥尼尔：这都是些大问题，非常宏大！很多深刻的思想家可能比我有更好的答案，但我想集中讨论我今天观察到的两个谬论。相信全球化已经"结束"的观点现在非常流行，另一种观点则认为全球化在最近一个时期从任何方面来说都没有特别积极的影响。这两种说法都不对。

关于后者，人们忘记了，自20世纪90年代以来，全球已有千百万人脱贫。其中，中国的脱贫人口占很大比重，印度次大陆、拉丁美洲和非洲的部分地区以及欧亚地区也有几千万人甚至数亿人的生活得到改善。虽然个别国家内部的不平等现象有所增加，但并非各国都是如此。如果不是世界贸易大幅增长，先进技术普及全球，且最重要的是，社会和企业能够以最优惠的价格为世界各地的消费者提供消费品，那么，这一切都不会发生。即使有不可预见的外部因素，我们也不应忘记亲眼所见的巨大进步。根据世界银行和联合国的说法，如果上述体系能像以前那样推广延续下去，那么到2030年，世界上有极端贫困人口的地区将只剩下非洲。在早些时候，虽然个别政府对全球化的想法有了明显转变，但这种转变并不统一，最重要的是，私营部门的做法恰恰相反。事实上，世界各地的制药公司为寻找更好的治疗、诊断方式和疫苗进行了非凡创新，其展示出的信念，与许多肤浅评论所暗示的观点完全相反。此时此刻，作为个人消费者的我们想要疫苗，而上述体系正在引领快速创新，拿出成果的速度或许比任何人想象的都要快得多。没有庞大的全球合作，这是不可能实现的。在技术应用方面也可以观察到这一点。我在2019年甚至都未听说过ZOOM软件，但它在2020年已成为全球疫情期间维系工作和生活的生命线，我每时每刻都在目睹这种全球化蓬勃发展的形式。只有在消费者不想以合理价格购买其目标产品时，全球化才会结束。全球化什么时候会结束呢？我看不出任何苗头。

刘晓明：经济全球化最早可溯及15世纪的地理大发现，第二次世界大战后更多国家和地区普遍参与到全球化进程中。在此过程中，经济全球化理论也得到不断丰富和完善，亚当·斯密、大卫·李嘉图等一些英国知名经济学家都作出了重要贡献。进入新世纪以来，全球化进入前所未有的新阶段，有力推动世界经济发展，但全球化积累的贫富分化等问题也更加突出。新冠肺炎疫情导致各国人员跨境流动受阻，西方一些国家借势推行保护主义，一些人惊呼"全球化已死"。对此，我想强调三点：

一是经济全球化遭遇波折，但其进程难以逆转。经济全球化是生产力发展的必然结果和客观要求，是不可逆转的历史大势。经济全球化犹如百川汇成的大海，不可能再退缩为相互隔绝的湖泊。疫情导致全球供应链产业链因非经济因素面临调整，这是经济全球化进程中的正常现象。经济全球化在曲折中前行的发展趋势没有改变。

二是少数国家强推"经济脱钩"，但结果将事与愿违。国际经济联通和交往是世界经济发展的客观要求。疫情形势下，一些西方政客抱持零和思维，鼓噪"经济脱钩"，强推"产业链回归"，破坏国际产业链开放安全稳定。这些逆全球化举动违背经济规律，如同缘木求鱼，终将得不偿失。

三是全球化的问题只有在全球化发展中才能加以解决，开放共赢才是正途。全球化越是面临矛盾和困难，各国越要坚持以开放促合作、以创新求发展，推动贸易和投资自由化便利化，推动全球价值链产业链供应链不断完善，推动科技创新合作和成果共享，推动经济全球化朝着更加开放、包容、普惠、平衡、共赢的方向发展，为构建开放型世界经济、构建人类命运共同体作出贡献。

肖连兵： 奥尼尔先生，您作为全球化的推动者，首次提出"金砖五国"的概念，这一思考从何而来？刘大使对此如何评价？

奥尼尔： 从某些方面来说，我的灵感很简单，而提出这个概念，让我在国际上出了名，这有时令我感到尴尬。具体而言，我的灵感来自于2001年9月11日的恐怖袭击事件，这是不是有点奇怪？那时，我刚刚成为高盛公司的首席经济学家，此前则是该公司经济研究部门的联席主管，当时我正试图创造一个对公司和客户有帮助的新概念。在目睹恐怖袭击之后，信息的潜在影响让我得出判断，这一事件将标志着世界"美国化"的结束。我发现，在我于20世纪90年代开启的旅途中，无论走到哪里，世界都变得越来越千篇一律，而且我也很清楚，世界上有些地方其实并不喜欢这样。对于中国在帮助遏制1997年亚洲金融危机方面发挥的巨大作用，印度作为全球科技服务来源国的崛起，以及柏林墙倒塌后的俄罗斯，我都非常了解，而我对巴西在前总统卢拉领导下坚持通胀目标制的猜测也被证明是对的。这让我意识到，近30亿人口正在融入全球化进程，虽然全球化可能会更加复杂，但这就是世界在下一个时代的发展方式，而且大局已定。我从未想过，提出这个概念会导致一个同名的政治领袖团体的形成，并反过来使这个缩写词和我自己更为人所知。

刘晓明：在我看来，首先，"金砖"概念顺应历史潮流。奥尼尔提出金砖的构想非常有远见，敏锐地捕捉到了新兴市场国家快速发展崛起的势头。自2009年金砖国家举行首次领导人会晤以来，金砖国家经济总量占世界比重已从12%上升至23%，贸易总额比重从11%上升至16%，对全球经济增长贡献率超过50%。金砖国家日益成为推动国际格局演变的重要力量。其次，"金砖"合作取得丰硕成果。十多年来，金砖国家以领导人会晤为引领，建立起了涵盖经贸、金融、农业、教育、卫生、科技等领域的多层次合作架构，包括成立了新开发银行，合作不断走实走深。面对疫情挑战，金砖国家积极倡导多边主义，坚定支持世卫组织发挥重要作用，团结携手抗疫，充分彰显了守望相助、共克时艰的金砖精神。最后，"金砖"发展前景光明可期。金砖国家合作走出了一条"对话而不对抗、结伴而不结盟"的国与国交往新路，为国际社会树立了榜样。展望未来，金砖国家将继续以领导人会晤为引领，加强政治安全、经贸财金、人文交流、公共卫生等领域合作，共同推进多边主义，促进世界经济复苏，推动政治解决热点问题，为世界和平担当，为全球发展尽责。

西方忽视了中国人民与政府间的默契

肖连兵：中国政府提出了发展经济的新思路，将逐步形成以国内大循环为主体、国内国际双循环相互促进的新发展格局。对于这一举措，两位有什么评价？中国经济的发展会给世界经济带来红利吗？

奥尼尔：对此，我的回答非常简单、有力。中国政府优先考虑的这些重点举措是基于本国消费者所占据的地位而采取的，可以看出，本国消费者在中国经济的整体份额中越来越重要。这不仅将使世界上更多人从中国成为庞大经济体中真正受益，而且也将使中国社会的发展道路更加平坦。我经常在想，许多其他西方观察家忽视了中国 14 亿人口与中国政府之间的默契，而且我认为，这种关系将继续推动越来越多中国人达到中等偏上收入水平。现在只有让更多中国人进行消费，才能做到这一点。让我们用数学简单阐释一下这种巨大影响，如果中国在未来 10 年里名义 GDP 年均增长 7%—8%，那么中国的居民消费占 GDP 的比例将达 50%，中国将成为全球 GDP 最大贡献者，道理显而易见。

刘晓明：当前，中国正推动形成以国内大循环为主体、国内国际双循环相互促进的新发展格局。这是根据中国发展阶段、环境、条件变化提出来的，是重塑中国国际合作和竞争新优势的战略抉择。面对百年变局和世纪灾疫背景下世界经济复杂环境，我们要充分发挥国内超大规模市场优势和内需潜力，通过畅通国内大循环为我国经济发展增添动力，带动世界经济复苏。同时，新发展格局绝不是封闭的国内循环，而是开放的国内国际双循环。不管外部环境如何变化，中国将坚定不移推动高水平对外开放，开放的大门只会越开越大。中国同世界的联系将更加紧密，为世界各国发展提供更大机遇。我认为，中国经济将给全球经济带来至少三方面红利：

一是发展红利。中国有 14 亿人口、9 亿劳动力、1.7 亿受过高等教育的人才资源、超过 4 亿中等收入群体，对世界经济增长的贡献率连续 14 年居世界第一。疫情暴发以来，中国始终坚持统筹疫情防控和经济社会发展，复工复产复商复市加快推进。第二季度中国经济增长 3.2%，成为全球首个实现增长的主要经济体。中国经济率先复苏增长将为世界经济持续注入重要动力。

二是共享红利。中国正积极落实《外商投资法》，放宽市场准入，优化营商环境，积极扩大进口，扩大对外投资，保障国际物流畅通，推动共建"一带一路"高质量发展，为中国和世界各国的互利合作提供巨大机遇。2020年中国国际服务贸易交易会在北京成功举行，向世界展示了中国坚定不移扩大对外开放的信念和决心。

三是创新红利。当前新一轮科技革命和产业变革方兴未艾，中国已经成为具有重要影响力的科技大国，中外科技创新合作交流不断深入。根据世界知识产权组织发布的《2020年全球创新指数报告》，中国排名第14位，连续两年位居世界前15行列。中国5G、人工智能、高铁网络、移动支付等蓬勃发展，疫情期间"云办公"、数字经济、医疗健康等产业展现强劲发展势头。中国科技创新红利将进一步惠及全球。

肖连兵：两位如何看待一个社会的可持续发展？

奥尼尔：我可以从一个新角度进行阐述。我在高盛公司任职时，曾主持创建一项针对180多个国家而制定的名为全球环境评分（GES）的指标。该指标包含多个变量，试图对推动可持续增长的所有力量进行衡量。我很快意识到，GDP增长和GES分数之间并未存在高相关性，而是在财富和GES分数之间，特别是共享财富和GES分数之间，呈现出高相关性。我们都不知道100%的幸福感是什么，但似乎越富裕的国家，共享财富越多，人们似乎也越幸福。北欧和一些东北亚国家的得分就特别高。我经常喜欢特别提及韩国。在我职业生涯中，只见过一个拥有5000多万人口的国家，能够从典型的相当于非洲国家的低水平经济发展起步，达到欧洲富裕国家的财富水平，这就是韩国。其他国家，无论大小，都应该努力了解掌握韩国所采取的措施。

刘晓明：这些年来，中国政府致力于建设生态文明社会，在经济社会发展中，强调处理好人与自然的关系，并积极参与国际社会的可持续发展议程。中国还致力于解决人民日益增长的美好生活需要和不平衡不充分的发展之间的矛盾。"中国梦"是中国人民对过上幸福、美好生活的追求。

中英关系未来仍然充满希望

肖连兵： 回顾美好的过去会激励人们对未来的憧憬，请刘大使介绍新中国成立后中英关系令人难忘的事件。

刘晓明： 新中国成立以来，中英关系走过了不平凡的历程，实现了三次"历史性飞跃"。

一是中英建立大使级外交关系。1950 年，英国在西方大国中率先承认中华人民共和国。1954 年 6 月，中英建立代办级外交关系，这是世界上首例"半建交"的外交关系。经过长期艰苦斗争与谈判，英方终于"承认中国政府关于台湾是中华人民共和国一个省的立场"，中英于 1972 年 3 月 13 日正式建立大使级外交关系。

二是成功解决香港问题。1984 年，中英签署《关于香港问题的联合声明》。1997 年，香港历经百年沧桑回到祖国怀抱。香港问题的解决，为中英关系发展扫清了历史障碍，也为国际社会通过和平谈判解决历史遗留问题树立了典范。我有幸参加了香港政权交接仪式，亲眼见证了这个激动人心的历史时刻。当前，中英围绕香港问题仍有一些分歧，我们希望英方纠正错误言行，使香港继续成为中英关系的桥梁和纽带，而不是相反。

三是开启中英关系"黄金时代"。20 世纪 90 年代以来，中英先后建立全面伙伴关系、全面战略伙伴关系。2015 年，习近平主席对英国进行"超级国事访问"，双方宣布构建面向 21 世纪全球全面战略伙伴关系，共同开启中英关系"黄金时代"，为中英关系发展规划了新愿景，注入了新动力。

历史和现实都告诉我们，只要中英双方遵守国际关系基本准则，相互尊重主权和领土完整，互不干涉内政，平等互利，合作共赢，妥善处理分歧，两国关系就能不断向前发展，反之就会遭遇挫折甚至倒退。我期待中英关系能克服当前困难，早日重归正轨，实现稳定健康发展，造福两国人民。

肖连兵：你们都为推动中英两国关系健康发展作出了贡献。请谈谈你们的努力成果。

奥尼尔：我在卡梅伦执政时期开启中英关系"黄金时代"的过程中处于核心位置，我曾试图向首相证明，推动中英两国关系健康发展对两国来说将是一个双赢局面。当我加入政府时，我有责任去进一步推动中英关系"黄金时代"，也很高兴能参加财政大臣乔治·奥斯本的2015年秋季行程，并能在不久之后帮助接待习近平主席访英，包括访问我的家乡曼彻斯特。遗憾的是，他去了另一家足球俱乐部"曼城"，而我爱的是"曼联"。自2016年年底以来，中英关系"黄金时代"并没有真正发展繁荣，我真诚希望这段关系能够复苏，因为双方明显仍然能在教育、卫生、先进制造业、文化、体育等领域合作互利，也能够携手实现改善世界约78亿人生活的愿望。

刘晓明：我担任驻英国大使已10年有余。10多年来，中英关系取得了长足发展：

一是高层交往保持良好势头。2015年10月，习近平主席对英国成功进行国事访问，双方决定构建面向21世纪全球全面战略伙伴关系，开启中英关系"黄金时代"。两国通过总理年度会晤、经济财金对话、战略对话、高级别人文交流机制会议、高级别安全对话等高层往来和对话机制，保持高层交往与战略沟通。

二是经贸合作持续深化。中英双边货物贸易额从2010年的501亿美元跃升至2019年的863亿美元，英国成为中国在欧洲第三大贸易伙伴，中国是英国第三大货物出口市场。10年前，中国对英国累计直接投资约10亿美元，截至2019年底超过200亿美元，增长了20倍，英国已成为中国在欧洲地区最大投资目的地国。伦敦已成为全球第二大人民币离岸清算中心和第一大人民币离岸外汇交易中心,"沪伦通"开创了中国与境外资本市场互联互通先河。中英"一带一路"合作方兴未艾,英国首相特使两次赴华出席"一带一路"国际合作高峰论坛,中英还签署了第三方市场合作协议。

三是人文交流亮点纷呈。目前约22万中国留学生在英就读,英在华留学生超过1万人。"汉语热"不断升温,在英孔子学院和孔子课堂数量分别为30家和164家,居欧洲首位,比2010年增加近2倍;注册学员超过19万人,170多万人次参加孔院开展的各类文化活动,600多所英国学校开设中文课程。中英合作办学项目344个、合作办学机构27个,涉及139所英国高校和232所中国高校,约8万名学生在中国参加双方教育合作项目。两国地方交流合作不断拓展,目前中英建有69对友城关系。中国是访英游客的重要来源国,疫情前中英客运航班达每周168班,每年人员往来近200万人次,比10年前翻了一番。

四是国际协作日益深入。中英同为联合国安理会常任理事国和有重要影响力的大国,在维护多边主义、支持自由贸易和反对保护主义、单边主义方面共识更加突出,在联合国、二十国集团、世界贸易组织等国际组织框架下不断加强沟通协调,在应对气候变化、保护生物多样性以及伊朗核、朝核等国际和地区热点问题上保持密切沟通。

同时我们也看到,近一段时间中英关系遇到一些障碍和困难,责任完全在英方。一个稳定健康的中英关系不仅符合中英两国共同利益,也有利于世界的和平与繁荣。当前中英关系正处于一个重要关口。我们希望英方回归独立、理性、务实的对华政策,与中方相向而行,推动中英关系行稳致远。

肖连兵:非常感谢你们与读者分享见解,你们所谈让人们感到后疫情时代的中英关系仍然充满希望。

疫情带来"政府的回归",呼唤共同发展

2021 年 2 月 10 日

金振杓◎韩国前副总理,五次当选并现任韩国国会议员,国会疫情对策特别委员会委员长。

张忠义◎察哈尔学会副秘书长,高级研究员。

肖连兵◎光明日报社国际交流合作与传播中心秘书长。

在这次疫情中,政府的作用尤为重要

肖连兵:尊敬的金振杓先生、张忠义先生,作为韩国政要和在韩国工作的中国学者,你们对新冠肺炎疫情给人类社会带来的影响有什么见解?

金振杓:从政治层面看,疫情带来"政府的回归"。这从韩国等各国政府推行的"新政"中可以窥见。凯恩斯主义复返,即小政府不再重要,强大而有能力的政府得到推崇。从经济层面看,逆全球化抬头,数字化趋势加速。10多年前,各国的经济政策就开始转向以本国为中心,新冠肺炎疫情则加速了这一进程。随着供应链的调整,企业回迁本国,各国加强了对国家战略商品或基础产业的保护。疫情之前,第四次工业革命带来了数字化的普及,新冠肺炎疫情则将进一步推动数字化的发展。从社会层面看,"无接触生活"成为主流,人们在网上购物、学习,参加和享受文化生活。然而,"无接触"不能解决我们生活中所有的问题,今后如何把线上和线下有机结合,让两者和谐共存,

将成为一个社会课题。

张忠义：虽然历史上很多地区很多国家都多次暴发过瘟疫，如14世纪欧洲黑死病、1918年西班牙流感等，但这次疫情正值全球化盛行之时，国与国、人与人之间的交往比任何时候都密切，疫情传播的速度和范围恐怕比人类历史上任何时候都更快更广，给人类造成的损失难以估量。当前正值世界形势和国际秩序发生深刻变革，这次疫情成为人类社会进程中一个分水岭事件。

一度被推崇的新自由主义主张"大市场、小政府"，认为减少政府干预、遵循市场规律和自由意志能够合理配置资源、提高资源利用的效率。但在这次疫情中，政府的作用显得尤为重要，毕竟新冠肺炎疫情这类严重的公共危机需要相当于战时体制的应对机制，有统领能力的、强大的政府在疫情防控时可以调动更多的资源，也能够保障防疫政策得到切实有力的执行。不仅在疫情期间，在后疫情时代，也需要政府这只"看得见的手"发挥更大的作用，不仅提供各种经济救济和完善公共卫生体系，更在宏观层面为经济恢复创造良好的政策环境和财政支撑。

逆全球化其实在本世纪初就开始显露苗头。疫情使国际经济交流受到影响，本国供应链受到重视，似乎在加速逆全球化进程。但经济全球化走到今天，世界经济已经深度融合，再回到"小国寡民"并不容易。而且，闭关锁国和贸易保护主义并不能解决一国之内的产业结构问题，也许短期内会给国内带来就业，但从产业竞争力和市场发展来看，并非长久之计，还会削弱全球经济的活力。世界各国应该客观理性地认识经济全球化，在进一步发挥全球化积极作用的同时，改善全球治理秩序和规则，而不是一味地搞逆全球化。

肖连兵：你们如何看待疫情给人类社会带来的变局？

金振构：最大的变化就是前面所说的"无接触生活"和数字化。

不仅是韩国，现在全球都流行居家办公，公司用ZOOM等视频会议软件开会，学校在网络上授课，人们在优兔上看演唱会直播，亚马逊、奈飞等线上领域的企业发展迅速。其实，这种变化并不完全是新冠肺炎疫情带来的，很多都是伴随着第四次工业革命加速而产生的。

在这种情况下，最严重的问题是社会经济两极分化，美国商会会长苏珊·克拉克分析说，美国经济面临"K"字复苏。规模达3万亿美元的经济刺激政策，将使信息技术行业、部分大企业和白领阶层等快速恢复正常；相反，数字化水平低的传统企业、中小企业、个体户、贫困阶层、蓝领阶层等则仍会在苦海中挣扎。

不少研究结果还显示，线上教育将加剧教育不平等。全球的发展环境也面临相似情况。世界银行行长马尔帕斯2020年10月在记者会上表示，与发达国家不同，位于K字线下方的贫困发展中国家有可能陷入令人绝望的萧条。最终，如何包容各领域的底层实现共同发展，将是各国的难题。

张忠义：让我们看看这次公共卫生危机对人们生活方式的影响。戴口罩、少聚集、少接触，是应对这种传染病最基本也是最有效的方法。生活和工作还要继续，社会也需要最大限度地保持运转。幸亏有了互联网这个将全世界连接起来的工具，它保证了人们工作生活的基本需求。疫情期间，一些数字化产业以及互联网企业找到了新机遇，人们预言，"无接触生活"方式将在后疫情时代延续并发展，人们的生活和工作方式将发生重大变化。

信任是政府与民众实现良性循环的核心要素

肖连兵：在韩国新冠肺炎疫情严重的时候，金先生担任了韩国国会疫情对策特别委员会委员长，张先生一直在韩国工作。请你们介绍韩国防控疫情的情况，并对其他国家的疫情防控给予评价。

金振杓：韩国在2015年有过应对中东呼吸综合征的经验，公共医疗系统的运行相对顺畅，更在全球首创"得来速"方法等，实施快速大规模检测，又通过流行病学调查掌握感染途径，这些都为应对新冠肺炎疫情发挥了作用。韩国政府将封闭措施保持在尽可能低的水平，努力实现防疫、经济两手抓。

韩国国民成熟的市民意识和合作精神起了很大作用。一些国家爆发了反对戴口罩的示威游行，但韩国没有类似反对防疫政策的示威；如果有人没有协助防疫，还会遭到舆论的批评。新冠肺炎防疫战中，韩国政府和民众形成了良性循环，而信任是实现良性循环的核心要素。

当然，最难处理的是防疫和经济之间效益悖反的关系。收紧防疫措施，经济就会不稳；搞活经济，防疫就会松懈。韩国政府将防疫响应政策之一的"保持社交距离"分成三个阶段，综合考虑每天的疫情和经济情况，灵活调整。中央政府和地方政府每天早上通过视频会议沟通情况，初期还通过口罩分时限购、构建生活安全中心等方式进行防疫管理。同时，政府三次追加预算，提供紧急灾难支援资金、小工商业者支援金等，防止爆发经济危机。目前，政府防疫的重点不是只顾眼前，而是从打好长期战的角度实施稳定的管理。

新冠肺炎疫情反映出一个国家的公共医疗水平、医疗基础设施可及性有多么重要。公共医疗系统薄弱的国家，只能通过关闭国门的方式来保护国民。部分国家采取完全封锁的政策，也有部分国家追求集体免疫。我认为这是各国根据自身的社会经济情况做出的选择。但在一些追求集体免疫的国家，去年10月份进入秋冬季节转换以来，确诊病例数出现反弹。集体免疫如果想要成功，免疫率要达到60%—80%才能显现效果。可是，从目前的科学研究数据来看，感染新冠肺炎后，仅有3%—15%的患者能产生中和抗体。我认为，集体免疫的可行性还

need要进行更多的研究。

张忠义：在全球抗疫过程中，各国根据自身国情，采取了不同的抗疫方式。有的比较成功，比如中国和韩国。但有些国家由于政治因素、经济因素，以及人们对个人自由与公共健康关系的认识等原因，疫情防控不力。令我们感到意外的是，像美国这样医疗基础设施发达的国家，却在疫情防控上失误频频，全美累计确诊人数已经突破2700万，死亡人数超47万，令人痛心。不仅仅是美国，还有一些发达国家，抗疫并不比一些发展中国家做得更好。

面对未知而可怕的疾病，相信不同国家采取的不同尝试未来都会有其意义，不管是成功的经验还是失败的教训。在应对这场公共卫生重大危机的过程中，政府和民众对疫情的认识也经历了阶段性渐进，随着疫情的发展而发生变化。有些国家的国民理解并配合政府采取的防疫措施，有些国家的国民则持反对态度。在一些欧美国家，民众不满政府的防疫限制措施，多次举行示威抗议，对是否应该戴口罩也争论不休。

中国的体制原本就具备"集中力量办大事"的优势，这一优势在疫情防控中得到了充分体现和验证。疫情暴发后，中国政府及时调动各方资源和力量，实行"全民抗疫"，在相对较短的时间内就控制了疫情的蔓延。中国民众也积极配合政府相关防疫政策，一起赢得这场"战疫"。在韩国，政府从一开始便采取了强有力的防范措施，应对中东呼吸综合征的经验发挥了很大作用。同时我们也看到了韩国民众严肃对待疫情的态度。在对待全社会的危机时，韩国国民识大体顾大局的精神再次焕发光芒。而且，政府采取了统筹经济社会发展和防疫的做法，在国际上也赢得了"K防疫"的赞誉，这与金振杓先生领导的国会疫情对策特别委员会发挥的作用分不开。

肖连兵：你们怎样看统筹防控疫情和恢复经济？

金振杓： 2020年中国经济成"V"字形恢复，实现正增长。从长期来看，中国经济预计将进一步缩小与美国的差距。瑞银集团经济学家预测，10年后美国和中国的GDP规模将分别达到26.6万亿美元和26.8万亿美元。最重要的是，中国支援了126个国家防疫，在欧洲提高了民众对中国的正面认识。

张忠义： 想要防疫、经济两手抓，实现二者的平衡，是非常不容易的事情。疫情阻断了正常的经济生活，各国经济遭受打击是必然的。韩国政府为提振经济，推行"新政"，包括追加预算、对受疫情影响严重的中小企业和个体业者提供支持等。韩国银行和经合组织分别预测2021年韩国经济增长可以恢复到3.0%和2.8%，几乎达到疫情前的水平，还是比较乐观的。中国随着国内疫情基本得到控制，正在积极投入复工复产，社会经济运行基本恢复正常，同时提出了构建国内国际双循环新发展格局。希望中韩两国在取得抗疫初步成果之后，能够实现经济的快速复苏，并带动地区经济的恢复和繁荣。

"绝对不能出现疫苗政治化"

肖连兵： 疫情暴发后，在亲历了中韩两国相互支持之后，你们有什么感想？

金振杓： 两国的互助始于武汉刚暴发疫情时。在中国协助下，韩国得以三次安全撤离侨民。在中国疫情加剧时，韩国捐赠了300万只口罩及20万套防护服、护目镜等医疗用品，总规模达400万美元。去年四五月份，中国疫情趋稳，韩国却病例激增。中国又主要面向韩国地方政府捐赠了510万只口罩、14万套防护服。去年6月以后，两国疫情都逐步稳定，互助方式从捐赠物品延伸到了促进社会生活正常化的措施。中国去年3月28日暂停了所有外国人的签证，但却与韩国达成协议，建立起"快速通道"，自去年5月1日起允许韩国企业人士免隔离入境中国，迄今为止，已有大批韩国企业人士进入中国进行经济活动。去年8月5日起，中国针对留学生、就业者等，进一步放宽了入境程序。商议增加两国间固定航班数量将是今后的课题。

在上述过程中，不仅是政府，在韩国的华人华侨联合会，武汉大学企业家校友会、韩国校友会等民间人士也起到了两国间桥梁的作用。三星（中国）公司、现代汽车集团、SK（中国）公司、LG（中国）公司等24家韩国企业向中国提供了约2亿元人民币的援助。在此，我要感谢两国民间、政府和经济界齐心协力开展互助抗疫，使得支援防疫物资、提供社会经济协助措施等顺利施行。

联合国秘书长古特雷斯说过："在我们所有人安全之前，谁都不安全。"世界现在已经进入健康安保互助的时代。并不是只要韩国能够克服新冠病毒就能解决问题，而是只有我们的周边国家乃至全世界都能够克服新冠病毒才能保证安全。从这一点来看，必须进行国际互助。从"健康安保互助"的意义出发，构建人类卫生健康共同体恰逢其时。

2020年7月，包括文在寅总统在内的全球8位领导人一起在《华盛顿邮报》刊文表示，"疫苗研发不能成为只剩一名胜利者的竞争。疫苗研发的成功应该成为我们所有人的胜利。"我认为，疫苗研发成功之后的事情更重要，绝对不能出现疫苗政治化，而要保证疫苗供应给需要的人，保证疫苗的公平可及。

张忠义："健康安保互助时代"的要义是通过各国相互支援来保障各国人民的共同健康。在中国疫情暴发之际，包括韩国在内的许多国家都向中国伸出援手，令中国人民感动。中韩两国作为近邻，相互支持、同舟共济，政府和民间团体都相互捐助并寄送口罩、防护服等防疫物资，体现了韩国诗人崔致远所说的"道不远人，人无异国"的情怀。文在寅还说出了"中国的困难就是我们的困难"，一些企业和大学打出了"武汉加油！中国加油！"的标语。在韩国疫情严重时，中国政府克服自身的困难，积极提供援助，中国网民也喊出了"韩国加油！大邱加油！"的口号。疫情无情，人间有爱。中韩两国之间相互守望、相互扶持，真正体现了邻里之情、邻里之义。疫情虽然给两国人民的生命健康带来巨大伤害，但通过携手抗疫，两国人民之间的感情进一步加深，共同体意识进一步增强。

在这个没有人能独善其身的时刻，团结是战胜病毒的基础，人类需要的是凝心聚力，而不是互相攻击。在第73届世界卫生大会视频会议开幕式上，中国国家主席习近平提出构建人类卫生健康共同体的倡议，呼吁共同佑护各国人民生命和健康，共同佑护人类共同的地球家园。构建人类卫生健康共同体成为应对疫情以及今后人类公共卫生危机的新理念。

区域经济合作重要性愈加凸显

肖连兵：在你们看来，区域全面经济伙伴协定（RCEP）的签署有什么重要意义？

金振construction：RCEP是世界最大规模的自贸区协定。它可以降低贸易壁垒，同时克服世界经济下滑，提高自由贸易的价值。疫情给世界经济造成了危机，而RCEP的签署意味着巨大经济共同体的形成，成为宣示自由贸易重要性的重要契机。RCEP的签署将会促进成员之间的相互合作，也是克服新冠肺炎疫情危机的新机会。尤其是新冠肺炎疫情之后，全球供应链出现重组趋势，为应对这一趋势，RCEP能提供知识产权、原产地规定等区域内国家间的统一规范。可以想见，RCEP的重要性会愈加凸显。2019年，韩国同RCEP成员之间的贸易额占到韩国对外贸易总额的49.98%。随着RCEP的签署，其关税减让率高于韩国一东盟自贸协定。

　　印度尼西亚、菲律宾、泰国对韩国文化产业的开放，对流通业、物流业的开放值得期待，扩散到整个产业领域的"韩流"以及韩国品牌有望更多地在域内各国开花结果。

　　对于国际事务中奉行多边主义，我个人原则上是支持的。任何一个国家都不能成为中心。以新冠肺炎疫情为契机，国际秩序将重新构建。我正在思考，在当下这个混沌的时代，韩国要如何做才能避免危机，创造机会。

　　张忠义： 中日韩三国合作攸关东北亚区域长期稳定和繁荣，对亚太地区乃至整个世界经济都具有重要意义。但相对于其他地区的区域经济合作，本区域的经济一体化合作进程显得缓慢。中韩两国在推动开放贸易以及区域经济合作方面有着相同或相似的理解。目前，逆全球化和贸易保护主义日渐兴起，而RCEP的签署表现出了签约各方对自由贸易的坚持，也意味着世界最大的自由贸易区的出现，是对多边主义的肯定，也是对单边主义的回击，对遭受疫情冲击的世界经济具有重要意义。

第三章

疫情下的国际冲突与合作

疫情的历史性启示：团结而非树敌

2020 年 4 月 24 日

阿戈斯蒂诺·乔瓦尼奥利（Agostino Giovagnoli）◎意大利米兰圣心大学历史系教授。

在全球范围内不断蔓延的新冠肺炎疫情表明，人类正在面临不分国界且涉及所有人的新挑战。事实上，在这场疫情暴发前，人类已经面临着诸如环境恶化和维护世界和平等一系列重大考验。这些新挑战无疑是人类社会共同命运的集中反映。习近平主席提出的人类命运共同体理念倡导世界各国团结协作、同舟共济，我认为这是破解上述种种难题的唯一正确选择。与此同时，少数国家还没能意识到人类命运共同体理念的深远意义，这场疫情也在某种程度上为这些国家敲响了警钟。人类命运共同体理念顺应人类历史发展规律，各国人民和各国政府应该积极行动起来，团结一心对抗疫情，齐心协力应对人类历史发展中的新挑战。

事实上，人类社会发展历史进程中经历的每次疫情都对人类社会发展史产生了深远影响。当下的新冠肺炎疫情同样给人们留下了极大的启示：不仅在疫情暴发时需要团结协作应对疫情，在疫情过后，人们应该更加齐心协力开展重建和各领域优化工作。例如，应在国际和国家层面构建更加高效的医疗卫生体系，在国际层面特别是不发达国家打造更加注重互利共赢的经济发展新模式，大力发展数字经济和人工智能等。

在全世界抗击疫情的过程中,中国政府和中国人民十分慷慨,在自身仍然困难的情况下对许多国家提供了无私的援助。我也注意到,极个别国家对中国抗击疫情做出的努力和他国给予的帮助视而不见,这是十分错误的。中国与世界各国的合作,先是国际社会援助中国,后是中国向许多国家提供帮助,在我看来这是国际社会在后新冠肺炎疫情时代开展全面合作的第一步。今天的中国不仅经济体量巨大,而且在世界舞台上有着举足轻重的领导地位,也必将担负起同其他国家一道建设人类社会美好未来的责任。在世界格局发生巨大变化的历史时刻,国际社会期待中国发挥越来越重要的积极作用。

我认为,当下的情况正如经历了一场战争,甚至和二战结束后有些相似。正是因为经历了巨大磨难,人类社会才意识到团结合作的极端重要性,也催生出众多国际组织。这场疫情过后,当务之急是停止世界部分地区正在进行的战争(叙利亚、利比亚、也门……),同时帮助那些极端贫困的国家和人民。此外,还需对近年来陷入危机的多边合作机制进行系统改革,在相互信任的基础上,通过对话和协商制定行动计划应对共同挑战。

这场疫情使我们认识到,仅仅维护某一个国家的自身利益是行不通的,需要维护国际社会共同利益;仅仅聚焦眼前问题也是远远不够的,需要具有战略视野和长远眼光。

人道主义是构建基于和平、合作和团结的新型国际秩序的关键力量。疫情在世界范围内暴发前,一股逆全球化潮流在国际社会涌动。一些国家的政党开始鼓吹民粹主义和民族主义,而这些政党的领导人在危机面前往往无所作为。抗击疫情过程中,种种充满偏见的种族主义情绪不时出现,这种情绪往往为了打造出一个"共同的敌人"。在人类历史发展进程中，人们只有通过相互合作才能建设美好未来，盲目树敌则毫无益处。我认为，人道主义的核心要义是吸收各民族文化的优良传统，博采众家之长。这点正如儒家思想倡导的——己所不欲，勿施于人。不把自己的思想、观念强加于人。

世界可以在危机中相互学习和合作

2020年6月10日

伯蒂·埃亨（Bertie Ahern）◎爱尔兰前总理，国际行动理事会联合主席。

我在今年1月第一次听说有一种致命的新型病毒正在武汉暴发传播，当时，我不禁想起17年前肆虐中国并影响其公共卫生领域和经济增长的另一种病毒。

我知道，中国善于汲取经验，也有能力和资源抗击疫情。看到确诊病例迅速增长时，我真的开始担心了。幸好，中国政府行动迅速，在1月23日宣布武汉封城令，中断公共交通，关闭机场，邻近武汉的城市相继封城，并迅速在全国范围内推行这样的措施。中国国家主席习近平明确要求把人民群众生命安全和身体健康放在第一位。中国政府每天通报疫情最新情况，从而向世界发布预警信号，这一做法随着疫情扩散也为各国采用。中国政府表现出巨大决心。及早行动、快速响应有助于遏制病毒传播，从而降低了实施现在广为人知的检测、追踪和隔离举措的难度。

当今世界比17年前更加紧密相连。武汉是九省通衢，人们通过高铁网络等进行商务活动和出差，难免途经此地。由于当时刚好是春节前夕，病毒传播速度更具挑战性，但中国仍然出色地落实了封城、通过测体温甄别疑似患者等措施。

迄今疫情已造成全球范围内超过 40 万人死亡，并引起巨大的经济动荡。回顾这段悲伤时光，我们至少可以说，中国政府的迅速行动和努力减缓了致命病毒的传播速度，最大可能、最大限度地限制了来自武汉的人口流动，阻止了中国和世界范围内的大面积死亡。大多数国家直至 3 月份才进入疫情高峰，而中国的医疗行业和卫生部门也向全球同仁提出了采取必要行动的建议和警告。中国在如何适时重新开放、采取更多卫生措施、加强员工之间隔离以及筛查和检测方面也做出了示范。

疫情虽然在经济上对中国和世界都造成了沉重打击，但也清楚地表明，世界可以通过相互联系，在如当前的疫情大流行危机中相互学习和合作。在疫情期间举行的二十国集团领导人应对新冠肺炎疫情特别峰会上，中国国家主席习近平提出了"同舟共济、守望相助"。由前总统、总理和国家元首组成的国际行动理事会，近 50 年来一直在欧洲和世界各地倡导这种团结与合作的理念。

多边主义，或者说合作，一直是欧洲和世界大多数地区历届领导人奉行的政策。70 年前，时任法国外交部长罗伯特·舒曼提议成立煤钢联营，六个饱受战争蹂躏的国家据此建立共同市场，经过几十年时间演变成欧盟，其间始终保持着方向感。共同体各成员国领导人上上下下，其中许多人成为国际行动理事会的活跃成员。后来，柏林墙倒塌，从 20 世纪 70 年代石油危机到金融动荡引发的经济困难持续存在，但欧盟不断发展，现在成为世界上最大的单一市场，其人民可以自由跨越国界，并创造出一种统一货币。欧盟将自身规模扩大至 20 多个国家，成为连接和平的纽带，传递高标准和繁荣的使者。

可以说，习近平主席的主张与欧盟模式都在强调团结与合作。现在世界上有些人不相信合作和互助，有些人则反对旨在帮助众人（特别是最弱势群体）的多边机构。世界卫生组织、联合国开发计划署的政策，可以从根本上帮助发展中国家解决其债务问题以及缺乏教育、卫生和基础设施问题。国际行动理事会坚持参与处理发展中国家的所有问题，并通过拓宽国际合作帮助他们公平发展。

多国企业全力供应口罩、防护服、头套、手套、手术服、医疗器械，甚至更重要的呼吸机，集全球之力帮助世界各国的人们，此情此景令人鼓舞。许多国家通常依赖国外来满足其医疗卫生物资需求，如今则抓住机会在国内提高各种自给自足的可能性。我们看到多国政府通过财政手段，扶持企业迈向上述目标。人们利用信息技术支持供应链扩展。以数字联结为基础的公司茁壮成长，开始为制造必要的设备提供助力。对创新的需求则达到了年初无法想象的程度。还出现了新的现象，原本预计几年内都鲜有人关注的远程操作领域，现在也获得了投资。疫情暴发以来，世界各地的工厂都面临库存囤积问题，因而改变了近几十年来采取准时化供应链模式的态势。

欧洲先向中国输送医疗物资，但随着疫情从意大利向欧洲各地蔓延，欧洲反而出现医疗物资告急的问题，此时希望中国伸出援手。中国当然也是涌泉相报，因为大多数中国工厂的产能到 4 月初即已恢复到 80% 左右。中国转而向包括爱尔兰在内的欧洲诸国和其他地区供应物资。

疫情暴发之前，包括我们几年前在北京举行的全体会议，国际行动理事会都在强调坚持全球化的必要性，并对全球化陷入困境表示关切。主导世界经济几十年的开放旅行体系，在金融危机和贸易战中遭到破坏。如今，疫情进一步恶化了这一状况，多国边境封锁，机场几近关闭，贸易严重受阻，全球贸易受扰。虽然全球正在积极恢复，但要恢复到快速便捷且不受限制的自由贸易状态，仍需一段时间。今年的世界货物贸易可能萎缩超 20%，个别国家的贸易形势将比 1967 年以来的最差纪录都要糟糕。全球治理方面存在的困难逐渐暴露，我们可以说出世界各地的许多案例,一些人的态度已经不再倾向于全球化。国际行动理事会秉持人员、货物和资本自由流动的理念,但这一理念此时并未发挥作用。限制因公出差,暂时封锁边境,贸易会受到负面影响,因为各国均开始无差别对待境外货物和服务。

印度总理莫迪此前表示,经济自力更生的新时代已经开始。美国总统特朗普则敦促美国各大企业撤回国内。资本和投资正在减少流动,不少企业开始停止对外投资。虽然全球治理和开放贸易目前遇到了反对力量,但继续推行全球治理和开放贸易的理由一如既往地强烈。

"中国是多边主义的拥护者和践行者"

2021 年 10 月 2 日

杜占元◎中国外文出版发行事业局局长。

当前,人类正在经历历史上罕见的特殊时期,百年变局和世纪疫情交织叠加,全球发展的不稳定性、不确定性显著上升。在此背景下,中美欧作为国际社会主要力量,更应该起到表率作用。

在秉持多边主义理念方面,世界需要进一步加强对话,凝聚更多合作共识。随着世界多极化、经济全球化的不断发展,在多边主义框架下完善全球治理日益成为国际社会共识。但我们也看到,各国对什么是真正的多边主义,以及如何在全球治理中践行多边主义,在认识和行动上仍有很多的不同。中国倡导坚持开放包容、以国际法则为基础、协商合作、与时俱进的多边主义,这得到越来越多国家的认同和响应。全球有识之士应加强对多边主义的研究和对话,坚持多边主义核心价值和基本原则,反对封闭排他的"小圈子"和"有选择的多边主义",从增进人类共同福祉出发,赋予多边主义新的时代内涵。

在推动多边主义行动上,大国需要进一步加强协调,开辟更多合作领域。践行多边主义,不能坐而论道,而要起而行之。新冠肺炎疫情导致的全球公共卫生危机乃至更大范围的全球治理危机,使越来越多的国家认识到,本国面临的跨国性挑战难以单靠一国之力解决。中美欧是世界主要力量,应顺势而为,率先行动起来,着眼联合国 2030

可持续发展目标，以疫情应对、经济发展、气候变化、生物多样性等作为践行多边主义的优先领域，努力在解决全球治理问题中孕育多边合作的新机遇。联合国系统是在总结人类以往全球治理发展经验基础上建立起来的多边主义治理框架，几十年来发挥了重要作用，应该继续发挥重要作用。同时，我们也应注意提高发展中国家的代表性和话语权，建立更加完善的多边主义治理格局。

在构建多边主义愿景时，中美欧需要进一步加强互鉴，汇聚更多合作力量。世界文化多样性是人类社会的基本特征，在多元文化交流交融中形成的人类共同价值和全球共同利益，是我们开展多边主义合作的坚实基础。"小圈子的多边主义"仍是集团政治，"本国优先的多边主义"还是单边思维。在 21 世纪第三个十年的开始，构建面向未来的多边主义，需要我们在尊重各国历史文化、社会制度、发展道路等差异的基础上，互尊互信、互学互鉴，弘扬和平、发展、公平、正义、民主、自由等全人类共同价值；需要我们展示出更多勇气，凝聚起更多智慧，为保护更多弱小国家的利益承担更大责任，为多边主义正面临的各项挑战提出解决方案，为多边主义更美好的明天规划崭新路径。

中国是多边主义的拥护者和践行者。中国的多边主义理念，主张维护联合国权威和联合国宪章宗旨原则，践行共商共建共享的全球治理观，促进世界多极化、国际关系民主化，向着构建人类命运共同体不断迈进。在实践中，中国坚定维护联合国制度体系，大力参与并支持联合国在可持续发展、维和、气候变化等方面的倡议与活动；积极搭建新型多边合作平台，提出"一带一路"倡议；主动承担应对全球性挑战的国际责任，加入"新冠疫苗实施计划"和二十国集团缓债倡议，提出碳达峰和碳中和目标，等等，不断以扎实有效的行动来践行多边主义的理念和价值。

"多边主义应该有哪些核心要义"

2021年10月2日

孔泉◎全国政协外事委员会副主任。

我们比以往任何时候都需要厘清什么是真正的多边主义，或者说什么是有利于世界和平发展稳定的多边主义，多边主义应该有哪些核心要义。

第一，多边主义内涵首先应包含开放、包容的精神。"和而不同""求同存异"是中国古代哲学流传至今的理念，我们只有坚守和平、发展、公平、正义、民主、自由的全人类共同价值，超越意识形态、社会制度和文化历史等领域的不同和分歧，通过平等协商、友好合作，才能共同维护世界和平，共同建设开放型世界经济，共同推动人类社会发展进步。

第二，真正的多边主义显然应以国际法为基础。国际法凝聚了人类追求理性与公平正义的共识和智慧，应当成为各国行事和全球治理的基本准则。以联合国为核心的国际体系、以国际法为基础的国际秩序，是和平的重要保障，应当得到坚决维护。

第三，真正的多边主义应当也必须尊重各国的独立自主、主权平等和不干涉他国内政，这是联合国宪章确定的国际关系基本准则。当今世界不同地区出现的很多乱象、失序都是干涉主义带来的恶果。

关于多边主义框架下中国、欧洲和美国三方的合作前景，我有四点思考：

一是美国现政府强调要同前政府的撕裂和破坏性的对外政策决裂，这很好。对于始终坚持多边主义的中国和欧盟而言，我们都表示了欢迎。但更重要的是，我们也期盼和鼓励这种重返国际舞台的政策宣示能够在尊重联合国宪章等国际法和国际体系的行动中得到更多、更具体的体现。

二是中国和欧盟始终是维护多边主义的伙伴。1975年，当我还是一个年轻的实习外交官的时候，我在布鲁塞尔见证了中欧签订建交协定。今天，我对46年来双方互利共赢的合作领域不断扩大、内涵不断深化深感欣慰。我认为，中欧关系的发展不但增进了双方人民的福祉，也促进了世界的繁荣、发展与进步。新冠肺炎疫情重创全球，然而，2020年中欧贸易逆势增长5.3%，中国现在已经成为欧盟最大的贸易伙伴，这充分表明了中欧相互需求与合作具有巨大的韧性、潜力和前景。在当前形势下，我们还是要紧扣合作远大于竞争、共识远多于分歧的本质，增强中欧关系的独立性与定力，防止来之不易的合作成果付诸东流。

三是我们对同美国的关系有期待，但决不会一厢情愿。中方与美国新政府已有多轮的接触和会晤，我们始终致力于同美方实现不冲突不对抗、相互尊重、合作共赢，同时坚定维护自己的主权安全和发展利益。如果美国希望对话合作，我们非常欢迎，同时认为应当坚持相互尊重和平等相待。

四是中国、欧盟和美国有能力也完全应该为世界的和平发展作出自己的贡献。作为世界的主要力量，我们三方在维护世界和平、促进全球发展方面显然负有重要的责任。在气候变化、绿色发展、伊核协议等国际和地区热点问题上，我们三方有着广泛的共同利益，当然能够合作，合作的地方有很多，合作能够办成的大事也很多。值得关注的是，也是我认为一个很重要的切入点，无论是中欧关系、中美关系还是欧美关系，都有其独立存在的价值，当然也有相互关联的影响，各方应该并行不悖地发展双边关系，开放合作，实现良性互动。

对 话

团结共进须成为国际关系的主流态度

2020 年 6 月 12 日

姜·玛利亚·法拉（Gian Maria Fara）◎意大利著名社会学家，1982 年创办意大利政治、经济与社会研究所，任该研究所主席至今。

孙彦红◎中国社会科学院欧洲研究所副研究员，中国欧洲学会意大利研究分会秘书长。

孙彦红：新冠肺炎疫情引发了对于全球化前景的大讨论，一些全球化的曾经支持者也开始质疑全球化。然而，除非人类放弃市场经济这种基于交换的基本经济形态，否则就不可能抛弃全球化而"闭关锁国"。为此，未来各国政府应在引导和治理全球化方面担负起更重要的责任，并通过协调合作将全球化推向更为良性发展的轨道，使各国可以更安全地在"互通有无"和"分工协作"中实现互利共赢。这尤其有赖于主要大国在求同存异基础上的通力合作。

法拉：全球化不是根据个人意志而决定实施的"自由选择"；相反，它是在全球范围内实现经济、社会和文化一体化的过程，这个过程不断演变，其基础是史无前例的科技进步所带来的经济、生产和金融的精确发展的趋势。应该强调的是，这一过程既能产生巨大效益，也产生了广泛成本。我们每个人都直接或间接参与的这个全球化过程，一方面使数亿男女摆脱贫穷和饥饿，加速信息和知识交流，并因其缩短人际距离而促成新的生活方式和新的社会关系；另一方面，全球化亦对环境等领域造成严重失衡和破坏。正是由于这些相互矛盾的方面和人类社会关系的深刻变化，这一复杂的全球化过程不能仅仅由经济和金融来负责掌握领导权。政治必须以最高和最正面的意义恢复其主导作用，缓和过度行为，解决全球化导致的矛盾。政治在引导经济交流时，必须遵循一个原则，即为我们同时代人和子孙后代创造合意且有尊严的个人生活。

孙彦红：此次疫情必将成为深刻改变人类历史进程的重大事件。面对如此大规模的流行病灾难，人们除了悲伤和反思，能否从中寻觅到"重启生活"的新智慧？什么样的生活方式更加可持续？人类生产和交换活动的最终目的是什么？我们对于旧的认识体系是否过于自满？爱因斯坦说过："我们无法用提出问题的思维来解决问题。"面对抗击疫情以及后疫情时代如何更好生活这样的问题，我们恐怕需要改变旧的思维方式。

法拉：当然，如果我们把视角放到整个人类发展进程上，此次疫情带来的具有悲剧色彩且又具有普遍性的体验，注定会对人们的心理产生深远影响。我们都将进一步思考"人类社会生活中的本末主次""地球承受人类活动的能力"等问题。值得注意的是，在可怕的这几个月里，人们重新寻获了蒙尘多年的价值观。涌现在我脑海的，是团结和集体主义精神等价值观，健康、生活和工作等基本权利；涌现在我脑海的，是国家卫生系统、紧急服务、援助、重建等公共服务的重要作用。

孙彦红：疫情严重影响世界经济，对经济部门和社会群体的冲击存在着结构上的差异。国际劳工组织4月初曾预估，全球将有超过10亿人因疫情面临减薪或失业的风险，其中大多数是就业于餐饮、酒店、休闲、小零售店等服务行业且收入不高的人口。这必然加剧各国内部不同群体之间、发达经济体和发展中国家之间的经济差距，进而加剧社会不稳定。虽然目前多数国家政府都出台了纾困措施，挽救破产企业，为暂时失去工作的民众提供临时补贴，但是考虑到疫情将如何发展仍存在较大不确定性，而各国政府财力差异甚大，这些措施恐怕难以有效遏制贫富分化加剧的态势。如何切实缓解经济不平等及其引发的一系列后果，将是后疫情时代各国政府以及国际社会必须严肃面对并着力解决的难题。

法拉：由于公共卫生危机与全球化有关（货物、服务和人类的持续流动），因此，只有世界各地的运作方式保持统一，充分利用近年来建立起来的正式和非正式国际协调机构，才有可能摆脱紧急状态。各国内部和世界不同地区之间的不平等，确实存在着加剧风险的态势。只有通过负责任的"政策"来指导行动，推动落实系统的、恢复性的干预措施，才能战胜这种风险。而这些干预措施必须基于真正和真诚的开放，同时要以就全球性问题达成共识的国际关系体系为导向。

孙彦红：疫情的持续蔓延以及各国的应对过程真切地表明，人类的确是一个命运共同体。然而，此次疫情的发展过程告诉我们，构建人类命运共同体还须尽快从理念转化为各国的实际行动。世界各国唯有建立有效合理的协调机制携手应对，才有可能彻底走出疫情。试图将疫情政治化的各种指责推诿只会延误抗疫时机，带来更多的生命与经济损失。

法拉：我前面说过，如果我们想"更快更好地"摆脱危机，国际合作是不可或缺的工具。试图在本国境内处理和解决本次疫情所造成的问题，甚至试图通过对外部世界采取攻击性方针来解决问题，是短视、无理且危险之政策的表现。毫无疑问，我们已迈入全新阶段，必须以加强合作的方式来开展工作；而二十国集团等国际协调机构必须调整思维方式，调整处理共同问题的方案，调整计划，以便真正适应新需求。然而，真正的合作，意味着多样性主体之间的竞争性共存，意味着必须真诚地相互尊重和理解。换言之，我们需要深刻改变目前国际关系领域的主流态度，建立能够充分体现团结共进理念的新运作模式。

孙彦红：在面对困难时，友谊和团结弥足珍贵。此次新冠肺炎疫情暴发以来，中国和意大利互帮互助，双方政府之间的团结和人民之间的友谊得以彰显。

法拉：我们一直密切关注着中国抗疫的进展以及中意两国的互动。在此期间，我们通过大众传媒了解中国防控疫情的有关信息，并收到一些来自中国同行的研究报告和消息，如中国社会科学院欧洲研究所、上海国际问题研究院，对此我们也在意大利政治、经济与社会研究所的官方杂志上予以摘选发表。我们从这些信息中看到，中国以巨大的能量极力阻止新冠肺炎疫情扩散，并即将取得胜利，为各国树立了榜样。此外，中国对世界，特别是对意大利，展示出真正合作与团结的重要姿态。我们对此印象颇深。例如，我记得装载中国援助物资的船只抵达的里雅斯特港的情景；我也记得，生活在罗马、普拉托和佛罗伦萨的华人团体，也是欧洲最大的华人团体，他们表现出了强烈的责任感，为意大利抗击疫情提供了很多帮助。

孙彦红：总体而言，中国和欧盟都主张维护多边主义的国际秩序，主张国际合作，反对单边主义与贸易保护主义。随着中国率先复工复产，而多数欧洲国家也逐步开始复工复产，如何在确保疫情不反复的前提下促进经济复苏成为中国和欧盟共同面临的紧迫任务，这也给双方创造了新的合作机遇。欧盟是中国的第一大贸易伙伴，也是中国的累计第四大外资来源地，而中国则是欧盟的第二大贸易伙伴，目前中国对欧投资存量已超过2000亿欧元，是欧盟的第八大投资来源地。这使得双方的相互支持对于共同实现经济复苏至关重要。另外，就中长期而言，在气候变化、绿色经济和数字经济等领域，中欧合作的空间也很广阔。

法拉：就中欧合作而言，专家通常会将之区分为"硬"合作和"软"合作。"硬"合作涉及经济，此类合作应着眼于实现互惠互利。需要强调的是，互惠互利不仅关乎促进发展的数量，且涉及其质量。在这方面，我认为我们还需关注循环经济领域合作的重要意义。"软"合作涉及文化、科学和社会领域以及社区、地区和城市之间的关系。当前欧中面临的问题是要在这两种合作之间达成真正的平衡，共同提出有利于两种合作平衡的动议并积极落实。对于中欧建立和保持建设性的、忠诚的、和平的关系而言，这两种合作都非常重要。意大利政治、经济与社会研究所非常关注上述问题并与中方积极开展合作。

孙彦红：近几年，中意关系发展进入快车道，各领域合作持续稳步推进。2019年3月习近平主席成功访问意大利，双方联合发布了加强全面战略伙伴关系的联合公报，并签署了备受国际社会关注的共同推进"一带一路"建设谅解备忘录，这无疑是对"一带一路"倡议已取得成就的高度肯定，也表明意大利对该倡议的落实前景抱有积极期待。2020年是两国建交50周年，而两国在抗击疫情中的团结互助为继续深化合作夯实了基础，在后疫情时代继续加强合作符合两国的国家利益。

法拉：中国与意大利在"一带一路"框架下的合作确实值得关注。"一带一路"沿线国家必须团结，不能分裂。我想补充一点，我认为，应该看到"一带一路"倡议的丰富内涵，倡导促进各国人民加深了解是其文化层面的内涵。在这方面，意中两国的交往有着宝贵的经验遗产，且已深深融入过去几个世纪两国建立起来的深厚关系中。几百年来，经济交流总是伴随着热烈的科学和文化交流。事实上，无形的价值观的交流常常是意中关系的主要驱动力量。目前，两国在《2030年联合国可持续发展议程》等重要国际平台上作出了共同承诺。我们应以建交50周年为契机,为在这类平台达成的共同建议和倡议加紧努力。为此,若意中两国联合组织和启动围绕可持续增长等议题的常设讨论机制,将会释放真正的积极信号,推动相关问题在国际层面的讨论和落实。

人类的未来属于多边合作

2020 年 9 月 27 日

沙祖康◎联合国前副秘书长。
让 – 皮埃尔·拉法兰（Jean-Pierre Raffarin）◎法国前总理。
加芙列拉·拉莫斯（Gabriela Ramos）◎经济合作与发展组织幕僚长及二十国集团（G20）事务协调人。
易小准◎世界贸易组织副总干事。
王辉耀◎全球化智库（CCG）主任。

疫情对多边全球治理机制带来新的考验

王辉耀：联合国宪章签署 75 周年之际，新冠肺炎疫情和其他的结构性因素对联合国可持续发展目标和世界各国的多边主义政策带来了巨大冲击。这场疫情，到底对以联合国为重要载体的多边合作带来了什么影响？

目前，联合国这艘捍卫全球和平发展的巨轮，在逆全球化浪潮的冲击下，正遭遇一场前所未有的风暴。近年来，单边主义、保护主义和民粹主义等思潮的高涨使多边主义发展受挫。新冠肺炎疫情像一面放大镜，把人类社会早已潜伏的各种危机一同暴露无遗。气候变化、移民问题、网络安全、恐怖主义、粮食危机……面对这些关乎人类共同命运的问题，现行的以联合国为核心的全球治理机制面临巨大挑战。这种挑战既来自全球治理机制的落后，也源于各国对多边合作的信心减弱。

加芙列拉·拉莫斯：新冠肺炎疫情对全球发起挑战，不仅剥夺了很多人的生命，对人民的日常生活、工作及社会经济都产生了巨大影响。与此同时，多边主义开始被很多人质疑，很多国家领导人面对这些质疑的第一反应是进行国内的应对，而不是更多地进行国际的开放对话。实际上，跨国对话是特别重要的，尤其在当前发生全球性问题的时候，如果没有全球性的应对方案、解决方案，将找不到出路。

此外，保护主义在疫情中成为一个更加明显的问题，世界体系处于脆弱的时刻。在人类命运共同体中，环境、社会的沟通交流和健康问题都是密切相关的，需要确定这些问题的轻重缓急，以确定最佳的应对方式。

过去这些年里，不论在发达国家还是发展中国家，经济机遇的数量增长，极端贫困问题有所缓解。此次疫情是一次对毅力和复原灵活性的考验。一些非常严格的措施，如封锁国境、交通限制等，可能还会持续一段时间，疫苗的研发也还有待时日，因此短时间之内疫情仍然会对社会各方面造成很大影响，但我们仍要保持乐观的心态。中国、韩国、墨西哥等国在初期疫情比较严重，但通过快速的行动和严厉的措施，很快就将疫情控制住。经合组织幕僚长组织也针对各种问题制定应对措施，建立应对机制。

经济预测表明，今年全球 GDP 会下降，不平等问题和妇女儿童的生存发展会受到很大冲击。例如，女性的全球劳动参与率为 70% 左右，她们也是很多行业的主力军。在面临当前的健康危机时，女性要平衡家庭和工作压力，受到的影响和压力是很大的。所有人长期居家后都会出现问题，因此很多行业在考虑业界未来时，都认为疫情的影响会长期存在。无论如何，国际层面应该有非常民主的合作流程，确保世界能够快速从疫情中恢复和转型，在保障人们的就业之外，确保经济快速恢复。

让－皮埃尔·拉法兰： 从目前的情况来看，新冠肺炎疫情暴发以来，多边主义被削弱了很多，虽然自 2018 年起这种趋向就已经很清晰了。二十国集团开启了对话来共同应对危机。这场流行病是世界性的，任何国家都不能独善其身。因此，我们要积极进行合作，必须克服困难建立合作机制。

面对全球危机，有些人转向了单边主义，但这样做是不可取的。比如本届美国总统总是挑起问题，不断提出单边主义的主张举措，在全世界需要通过世界卫生组织共同应对危机时，对后者不断施压，甚至退出，造成了负面的影响。各国必须在疫情危机中团结起来，加强多边渠道的运作和合作，要摒弃单边主义，坚持多边主义。当然，国际机构也需要改革。非洲、亚洲乃至全世界在过去 75 年中发生了很多变化，这些变化是国际机构需要通过改革来适应的。

易小准： 目前世界不仅面临着疫情的危机，更出现了国际层面的不协调和碎片化。在此背景下，现今多边贸易体制的关键目标跟二战之后设定的多边贸易体系一样重要，因为整个系统的成立就是为了应对 20 世纪所产生的一系列纷乱情况。全球的和平促进了全球的繁荣，让国际贸易进一步发展，用规则促进安全和公正。各国相互依赖、共同发展，大家的成功也是自己的成功，整个视野非常明显。

我自己是一个多边主义者，我整个职业生涯都是在做促进多边贸易的相关事宜。如今全球面临挑战，不管是贸易、环境，还是卫生健康，都必须通过全球层面的进一步合作解决。在这个层面上，新冠肺炎疫情实际上需要加强而不是弱化已有的多边主义。全球的恢复依赖于各个国家之间共享信息，共同合作，保持开放的经济体。疫情面前没有国境线，一个国家的危机也是别国的危机。

多边主义要义是应对共同危机、把握共同机遇

沙祖康： 2020 年是联合国宪章签署 75 周年，这是一次不容错过的机会，值得去充分地回顾和学习联合国的发展历程。回顾固然重要，但也必须向前看。在发展了 75 年之后，联合国将来会走上哪条路也是至关重要的。

世界需要多边主义和多边机构，也应当进一步强化和完善这些概念和制度，去适应不断变化的世界。联合国的角色有三个要点：首先是必须要解决安全问题；其次是解决经济和社会问题；除此之外，还要充分考虑到包括人权在内的其他的世界问题，这类问题也需要联合国协调解决。

很多人都在探讨多边主义是不是已经丧失立足之处了，然而多边主义并没有在走下坡路。有报告指出，全球单边主义的上升令人担忧，再加上世界面临的长期挑战，造成了一些人对多边机构的信任危机。世界确实面临着长期挑战，但单边主义情绪仍局限于社会的一小部分人，这种丑陋情绪的上升是由少数政客推动的，绝不代表大多数联合国成员的意见。

最近的调查表明，世界上绝大多数人还是相信多边主义和多边机构的。这是基于一个科学的原因，即在这个经济全球化的世界里，我们是相互联系的。世界各国在气候变化、海洋酸化、空气污染、土地退化、生物多样性丧失和疾病传播等方面都面临着同样的挑战，就像新冠病毒没有国界、给世界各国带来同样挑战一样。我们都在同一艘脆弱的船上，我们共同生活在这颗漂浮在太空中，美丽却又脆弱的星球上。我们同荣同枯，因此我们必须同舟共济。

在经济全球化进程中，世界市场对资源的不均衡配置在一定程度上拉大了各国发展差距和国家内部的贫富差距，对经济全球化的不满

情绪不仅在发展中国家存在，在发达国家内部也逐渐蔓延，促使一些国家采取内向型政策，也导致多边主义面临重大挑战。

但我们更需要看到，经济全球化已经使各国成为存亡与共的命运共同体，一味强调本国优先而逃避国际责任的做法是极为短视的，并不能实现长期的可持续发展。而要想推动经济全球化朝着更加包容和公平的方向发展，多边合作是摆在各国面前的唯一选项。

多边合作意味着，各方要在协商和妥协中寻找利益平衡点，避免双边关系、多边关系中大国对小国的支配。因此，多边合作一方面对营造相对公平的国际竞争环境具有十分重要的意义，另一方面也是凝聚各国智慧、在危机中寻找共同机遇的重要方式。正如联合国秘书长古特雷斯在今年"多边主义与外交促进和平国际日"发表演讲所说，多边主义不仅意味着应对共同的危机，更意味着各国合作把握共同的机遇。

让－皮埃尔·拉法兰： 对多边主义的讨论由来已久，但多边贸易体系仍然相对脆弱。多边主义是各国达成的共识。我们需要互相尊重主权完整，要通过对话和外交途径解决问题。每个国家都不应该把自己的利益凌驾于其他国家之上，更不能够通过武力来征服弱者。

从历史来看，二战结束后，世界各国的社会发展都得以进步。然而，我们在政治和经济方面取得的成绩是基于对话和协商完成的，因此各国要保持对话的精神。我希望大家一定要对全球治理树立信心，我们的目的是和平与发展。

维护和加强多边主义需要很多新的努力

王辉耀： 多边主义是包容的，以公平、正义、合作、共赢为内核，同时承认大国在推动国际多边合作的过程中扮演着十分重要的角色。

作为负责任的大国，中国一直是多边主义的维护者与践行者。未来，中国可以从以下方面继续发力，凝聚多边力量，与各国一道应对全球性危机，打造新的发展机遇，为实现人类可持续发展作出更多贡献。

第一，以联合国宪章精神为原则，推动联合国现代化改革。随着国际形势的不断变化与科学技术的快速发展，联合国及其下属机构功能改革的必要性日益显著。中国是安理会常任理事国，也是联合国第二大会费出资国，理应在联合国现代化改革中发挥更大作用。下一步，中国在提出改革方案、促进安理会常任理事国沟通协商、推动改革执行等各方面，要显示更多的主动性，使联合国宪章精神历久弥新。

第二，处理好中美欧三边关系，为推动多边合作注入信心。2019年，中美欧三方的GDP总量（不包括英国）接近全球GDP总量的60%，对世界经济发展具有重要影响。然而，目前美国已经从以规则为基础的国际秩序的捍卫者转变为一股破坏性力量，中国和欧盟仍然是多边主义的支持者。中国可以进一步加强与欧盟合作，形成对美制衡，通过"三角"平衡推动多边主义发展。

第三，丰富人类命运共同体理念的内涵，不断探索构建人类命运共同体的具体方式。人类命运共同体理念反映了经济全球化时代各国人民命运紧密相连的客观事实——如果用零和博弈思维看待国际竞争，强调敌我二元对立，必然会陷入两败俱伤的境地。

加芙列拉·拉莫斯：我认为，基于全球协调做出的反应才是解决方案。

第一，在新冠肺炎疫情面前，各国仍然要继续努力实现之前各大议程确定的，包括可持续发展目标和《巴黎协定》等在内的一些重大目标，以及曾经达成的共识。除了公共卫生挑战，其他问题也不容忽略。

各国还需要思考如何应对疫情带来的问题，怎样从疫情中恢复和发展得更好，在悲观中看到值得乐观的事物。国际基础设施和决策机制有弱点，在疫情危机中弱点更明显。但疫情危机恰好也成为一个暴露弱点的机会，让各方面一起合作，相互学习，一起规划，寻找全球解决方案。很多国家都有值得借鉴之处，各国在寻找本国解决方案时，可以参考其他国家的经验。

第二，新冠病毒疫苗的研发过程可能很长，涉及巨额投资，单靠一国医疗科研机构困难很大。不能把研发疫苗这样的任务完全交给市场，需要一定的政府引导。

第三，很多国家会因为疫情期间的救治和其他活动而产生财政赤字，实现财政恢复需要更多的合作。经合组织正在构建一个国际税务基础设施框架，以此促使各国保持更加稳健的财政体系。经合组织希望能够建立更多的实施机制和工具，以缓冲财政压力。现在很多低收入国家在各方面都需要融资的支持，国际组织应该在这个层面上给予他们更好的结果，联合国193个成员国要齐心协力完成可持续发展目标。

回到过去的自给自足状态是不可取的，我们应该变危为机，秉持以人为本的原则，采用多方面的解决方案，各国政府应大力推进多边主义。单边主义成本非常高，代价也非常大，只有加强国际合作才能够有更好的结果。我们需要团结在一起。

让-皮埃尔·拉法兰：在经济全球化的今天，多边主义应该得到发扬，而不是被单边主义摧毁。我们要捍卫联合国教科文组织、世界卫生组织，并对其进行改革。世界需要改良的多边主义。我们要采取行动，确定路线，并寻求和平。这不是天上掉馅饼的事，而是需要通过各方面的努力才能实现。对此我有三点建议：

第一，各国需要设定可持续发展目标，加强多边合作机制。现行的危机预防机制确实不太令人满意，因此需要效率更高的其他组织形式。预防危机，我们应该采取和平而不是干涉的方式。捍卫主权、弥补脆弱的主要途径就是多边主义，要用和解和首创精神的方式推进。

第二，不管出现什么样的危机和压力，我们应该尽最大努力去进行对话。尽管言语措辞不尽相同，尽管不能还原和解决所有问题，但可以把问题先摆出来。

第三，多边主义需要不断加强。目前，地区主义、单边主义等盛行。比如，面对前所未有的困难和危机时，欧盟有能力处理一些问题，但对另外一些问题确实显得无力。

总之，国际组织、公民和社会各界需要共同合作、协调立场，认识到新的多边主义的益处。很多社会群体的潜在力量非常强大。例如，妇女组织对提高效率、承担责任等作了很多贡献，合理地动员妇女可以发挥很大作用。为了未来的和平与发展，我们需要运用经验，承担责任，进行改革，为弘扬多边主义进行必要的努力。

从长远来看，和平才是战略目标。我们需要寻找对策，动员合作伙伴，大力发展多边主义，在多边和相互尊重的基础上达成和解，平衡世界。

易小准：新冠肺炎疫情危机加速了经济上的转变，以世界贸易组织为基础的新多边贸易体制需要跟上新的规则。事实上，机制改革已经在发生，例如2014年通过的《贸易便利化协定》，2015年通过的《农产品出口补贴协定》，以及正在进行的限制渔业补贴的谈判。世界贸易组织的改革不是新消息，整个系统在不断地进化，不断地改变。改革势在必行。

显然，世界贸易组织的运作和未来取决于国家之间的合作，不合作肯定是不行的，这就有赖于国家之间能够建立起信任。在某种层面上，缺乏信任和合作是世界贸易组织改革的障碍，而缺乏改革又是合作的障碍。因此，我们需要重新建立起信任关系，特别是在世界主要经济体之间建立起信任。没有信任就没有合作，没有合作就没有有效的世界贸易组织。

多边合作比较琐碎，也比较复杂，但不可或缺，只有通过这种方式才能管理国与国之间相互连接的经济。通过开放的合作才能达成以规则为基础的多边体系，而这种系统是不可替代的。用更封锁、更分裂，或者国家各自为政的方式取而代之的单边主义是不可行的。如果贸易关系由胁迫决定，贸易转向内部，企业将面临越来越多的不确定与混乱。

沙祖康： 尽管世界现在确实面临长期的挑战，但联合国和多边主义也纷纷影响、建立了应对这些挑战的多边机构和多边进程。例如，《联合国气候变化框架公约》和《巴黎协定》致力于应对气候变化，世界贸易组织积极推动贸易的公平和开放，世界卫生组织协调各国控制疾病，联合国教科文组织推进科学、教育和文化交流合作。任何国家如果把自身利益放在首位，反对多边主义，反对上述多边机构和其他多边机构，是不符合历史潮流的，也是不可能持续太久的。

我希望多边主义占上风，因为这是唯一正确的道路。而实现可持续发展目标是所有国家共同的责任和希望看到的未来。构建人类命运共同体是维护世界和平繁荣、实现可持续发展目标的关键。让我们共同努力，为多边进程注入新能量，加强多边机构，使其与时俱进。未来属于多边主义。

"我们应当积极参与多边主义的重建"

2020 年 10 月 9 日

萨帕特罗（Jose Luis Rodriguez Zapatero）◎ 西班牙前首相。
肖连兵◎ 光明日报社国际交流合作与传播中心秘书长。

肖连兵：尊敬的萨帕特罗先生，您能参加"光明国际论坛对话"，我感到非常荣幸。当前新冠肺炎疫情仍在世界蔓延，全球新冠肺炎确诊人数已突破 3600 万，死亡人数超过 106 万，人类社会正遭遇本世纪以来最大的公共卫生突发事件。随着疫情的肆虐，各国政府对疫情的防控越来越重视，采取的措施也越来越有效，通过全球治理应对疫情的呼声也越来越高。这次疫情对人类社会的冲击是巨大的，迫使人们对如何及时、有效地应对具有突发性和破坏性的公共卫生危机进行反思。请您谈谈关于这方面的见解。

萨帕特罗：显而易见，人们的行为和政府的优先处理事项会发生改变，经济方面的影响也将会持续一段时间。我认为，如果将政府行动作为应对疫情的根本之策，我们应当积极参与多边主义的重建，参加各大国际机构内部的合作，建立全球治理模式，以应对全球性危机。特别是要避免联合国 2030 可持续发展目标的完成因疫情原因出现倒退。

肖连兵：今年 3 月，新冠肺炎疫情开始在西班牙暴发。在疫情初期，西班牙政府即宣布全境进入紧急状态，为了人民的生命安全，停止一切非必要活动；而在疫情得到控制之时，西班牙分区域、分等级逐步下调应急响应级别，有序地恢复生产生活。您认为有哪些经验值得总结？

萨帕特罗：我的国家一直对世界持开放态度，在这次疫情当中承受了巨大的冲击，截至目前已经有超过3.2万人失去了生命。西班牙是疫情扩散最早的欧洲国家之一，政府采取了相较于周边国家更为严格的隔离措施，很大程度上减缓了疫情的冲击。

但是现在，我们正在与看似第二波来袭的疫情战斗。像其他欧洲国家一样，我们在对抗病毒的同时也努力维持经济活动的运转。有效的疫苗可以让全民获得免疫，但在此之前会发生什么，尚且难以预测。当这一切都结束的时候，我们应当分析对比各国疫情轻重情况的原因，评估不同措施的实效。

肖连兵：全球疫情暴发后，各国政府都集中精力应对疫情，只有个别国家的一些政客无视科学，把新冠病毒贴上标签，大搞"污名化"，攻击中国，向中国"甩锅"，意在为其政府抗疫不力找借口。

萨帕特罗：我认为这是一个严重的错误。疫情的源头可以是任何地方，并且已经影响到了我们所有人。疫情无关政治因素、旗帜阵营或意识形态。只有深感不安的政客或者政府，才会借类似当前的公共卫生危机向他人推卸责任。

肖连兵：3月17日，中国国家主席习近平应约同西班牙首相桑切斯通电话，习近平强调，中方支持西班牙政府采取的抗击疫情举措，理解西班牙当前面临的严峻形势，愿应西班牙之所急，尽力提供支持和帮助，分享防控和治疗经验，为中西两国人民健康福祉以及全球公共卫生安全作出贡献。

萨帕特罗：中国在应对疫情方面给我们提供了很多借鉴。第一，中国采取果断措施，进行常态化管控，成功地控制住了疫情。第二，中国开展国际合作，是本次危机中全球医疗物资捐赠的主要国家。第三，中国经济复苏同样也会帮助重启全世界的经济增长，而中国的恢复是基于先进技术和创新推动完成的。

肖连兵：我们也感受到西班牙民众对中国的关心。病毒不分种族，疫情没有国界，人类面临着共同的威胁。国际医学界指出，新冠病毒与人类长期共存将成为人类社会的新常态。在5月18日举行的第73届世界卫生大会视频会议开幕式上，中国国家主席习近平提出了关于构建人类卫生健康共同体的倡议。您如何评价这一倡议？

萨帕特罗：我们确实应当构建全球卫生健康共同体。同样，我们也应当构建一个应对气候变化、贫困和不平等以及一个反对暴力、维护和平的人类命运共同体。如果说，过去仍有少数人质疑，在应对这类波及所有人的挑战时，是否应在全球范围内采取共同策略，那么这次疫情已经扫除了这些质疑。面对共同的挑战，我们需要携手应对。我们愈发体会到我们同属人类命运共同体。

肖连兵：在疫情中和后疫情时代，人类命运共同体理念的现实意义越来越凸显。疫情冲击下的世界正在深刻变化，面临更多不稳定、不确定因素。2020年正值中国与欧盟建交45年，西班牙是欧盟重要的成员国。中国和西班牙都是多边主义的倡导者、支持者和维护者，双方应携手为中欧在世界两大力量、两大市场、两大文明建设中发挥积极作用。您对在国际事务中倡导多边主义有何看法？

萨帕特罗：唯有建立在多边主义的基础之上，唯有依托强大的国际机制以及协同合作，唯有这样的未来，才能让我们相信，21世纪是可以去面对人类文明经受的挑战的。不然，所出现的就会是接连不断的危机、全球经济失衡的加剧及各种严重风险的上升，强烈威胁到对地球的保护。上个世纪已历经诸多苦难，我们应该思考，如何更好保证人类前进的趋势。因此我确信，现今应当坚持多边主义引领，反对相互对抗。中国作为世界大国，是深谙此道的。

肖连兵：面向21世纪的国际社会，中国提出了一个重要方案，那就是"一带一路"倡议。共商、共建、共享原则是这一倡议的核心要义。在后疫情时代，"一带一路"倡议对世界经济的恢复将发挥什么作用？

萨帕特罗："一带一路"是新时代的丝绸之路，对于扩大沟通联系、促进发展和经济增长是一次重大的机遇。中国应当坚持推动这一倡议向前发展，我相信这一倡议会令所有参与国家受益良多。

肖连兵：西班牙处于"一带一路"沿线的重要地理位置，对于"一带一路"建设的重要性是不言而喻的。2018年年初，西班牙政府发布《西班牙的亚洲战略愿景：2018—2022》，其中将"一带一路"称为"洲际互联互通的大项目"，体现了西班牙政府的远见卓识。实际上，中西两国建交后，在许多涉及两国核心利益的问题上保持了一致的立场，这为两国关系健康发展打下了良好基础。近年来，两国在各领域的合作都取得了可喜的进展。您对中西合作如何看？

萨帕特罗：在国际关系中，中国和西班牙都明确支持多边主义，捍卫和平解决争端的原则，尊重国家主权，坚持一个中国和一个西班牙的原则。另外，两国拥有深厚的文化底蕴、两种世界通用语言、灿烂的历史文化遗产等等，两国也都在过去的40年里引导了各自发展和进步的正确方向。我一直相信西班牙应该是中国在欧洲最好的朋友，同时中国也应该将西班牙视为发展对欧关系的优先方向。

肖连兵：中国与世界的关系是全方位的，中国的发展离不开世界，世界的发展也离不开中国。这些年来，中国积极参与拉美国家的经济建设。西班牙与拉美国家有着历史渊源，西班牙可以成为中国与拉美国家关系的纽带，对此您如何看？

萨帕特罗：谈到西班牙就要谈到拉美，没有拉美也就没有办法理解西班牙。今日，中国已经同拉美各国充分建立了联系，因此对拉美政策是中西合作的另外一个契合点，是中西关系在全球格局中的反映。

肖连兵：您在担任首相期间，积极推动西班牙与中国关系取得长足发展。您多次访问中国，推动中西两国在各个领域的合作。在两国政府的共同努力下，两国的政治关系上了一个台阶，在重大时刻、重要议程中相互支持，两国的经贸关系也十分紧密。您如何评价您执政时的中西两国关系？

萨帕特罗：在我的任期内，中西建立了全面战略伙伴关系。我可以很高兴地说，我是访华次数最多的西班牙首相，卸任后我仍继续访华，每年至少前往中国一次。在我执政期间，中西经贸合作取得了巨大飞跃。西班牙成为二十国集团永久嘉宾国，欧洲发生金融危机时，我们都得到了中国的支持，对此我永怀感激。

我们生活在同一个星球，
就必须一起应对共同的挑战

2021 年 11 月 1 日

伊萨姆·沙拉夫◎埃及前总理。

徐宝锋◎北京语言大学"一带一路"研究院常务副院长。

肖连兵◎光明日报社国际交流合作与传播中心秘书长。

"西方一些国家确实在一直抹黑中国的抗疫努力"

肖连兵：尊敬的沙拉夫先生、徐宝锋先生，请你们谈谈新冠肺炎疫情对埃及、中国和人类社会产生的影响。

沙拉夫：疫情给埃及的生活带来了很多变化，特别是人们的社交方式发生了很多改变。2019 年之后我就再没有访问过中国，但是我已经跟中国方面开了十五六次在线会议了。在埃及，目前考试、上课等很多事情都是网上进行，很多文艺活动和庆祝活动也完全是严格地线上举行。我们的生活确实改变了很多，被疫情影响了很多。但是我想强调的是，疫情是一个全球共同面临的挑战和问题，这也进一步证实我们命运与共，是一个命运共同体。疫情不仅是对中国的挑战，不仅是对欧洲的挑战，也是对全人类共同的挑战。没有哪个国家和个人能够单独面对全球性挑战，各国必须合作。疫情给我们带来的一个重要启示就是，大家应该更好地开展相互合作。

徐宝锋：疫情暴发后，人类社会发生了很大变化，人们的生活受到了巨大影响。没有任何一个民族和国家在疫情面前能独善其身。为了人类福祉，中国从疫情暴发之初就积极开展世界范围内的疫情防控合作，分享抗疫经验和抗疫智慧，与世界同舟共济、共克时艰，践行人类命运共同体理念，得到了世界范围内的广泛好评和赞誉。中国不仅成功遏制了疫情，而且以稳定的社会秩序和持续的经济发展为国际社会作出了积极示范。

肖连兵：西方某个国家极力把新冠病毒溯源"政治化""污名化"，向中国甩锅，你们对此有何评论？

沙拉夫：西方某些国家一直用文明冲突这个论调来打压新兴崛起的国家。其实，西方一些国家不仅利用疫情"政治化""污名化"向中国甩锅，其在香港问题、穆斯林问题乃至很多国际问题上，都在夸大文明冲突，以达到自己的目的，特别是遏制新兴力量的兴起。我觉得，西方某些国家在有意为中国的发展设置一些障碍。在疫情问题上，比如说在病毒溯源问题上，我们能很清楚地看到谁想作恶。是中国想为世界制造麻烦，还是别有用心的国家制造麻烦来遏制中国的发展？我们都能看得很清楚。中国抗疫做得非常好。中国现在是世界第二大经济体、最大的制造业国家，中国发展得这么好，为什么要去制造麻烦呢？中国自己做得很好，有什么理由要去制造麻烦呢？当然是别有用心的国家在为中国设置障碍，这才是正常的逻辑。中国在较短时间内就控制住了疫情，这值得人们学习。但是，我们看到西方一些国家确实一直在抹黑中国的抗疫努力，还有其他一些国际事件也如出一辙，都是用西方的方式来遏制其他地区其他国家的发展。西方媒体非常强势，而且受到政治力量的左右，所以并不公平。有一些西方媒体，他们在摧毁其他国家的形象方面非常专业，他们非常擅于抹黑。

徐宝锋：我特别注意到参加"光明国际论坛对话"的两位德国嘉

宾的观点，一位是杜塞尔多夫海因里希·海涅大学前校长腊碧士先生，另一位是杜塞尔多夫大学医学历史、理论和伦理学研究所所长房劳格先生。他们谈道，历史上每当疫情向人类袭来，一个民族向另一个民族、一个国家向另一国家甩锅的现象就会出现，人们去"寻找所谓的有罪者"，但现代医学中没有"有罪者"这样的概念。"政治化"和"污名化"是单边主义的突出体现，是冷战思维在后疫情时代的突出反映，并不能带来社会的发展进步，相反会阻遏全球共同抗疫的努力，并最终成为人类社会和谐发展的巨大壁垒。病毒没有意识形态，也不会分东方和西方。中国在全球范围内率先遏制住疫情，并保持了经济发展和社会稳定，其中蕴含了丰富的中国经验和中国智慧。中国共产党和政府一直在世界范围内积极分享成功的经验和智慧。某些国家却把这些经验和智慧放在所谓政治和意识形态的放大镜下品头论足、指指点点，这已经严重违背了人类社会共同发展的理念，背离了人类健康福祉的防疫初心，搅乱了世界范围内共同抗疫的秩序，是对当代社会文明的背离。

"古老文明也会督促我们去实现新的繁荣"

肖连兵：在你们看来，古老文明对后疫情时代的文明建设有什么作用？

沙拉夫：我看过很多关于中国古代文明的书籍和资料，尤其是古代中国和古代埃及通过古老的丝绸之路进行文明交流的一些历史资料。我在研究中国文化和文明时发现，中国和埃及文明之间有很多相似之处。中国的古代文明和古埃及的文明都是人类文明的发源地，人们可以从中寻根。我们两个文明在过去就有很多交流，现在同样在交流，希望未来能够有更多的交流。

埃及政府对文化遗产有很多的保护措施。近期,古埃及文明保护又一次被提上了埃及政府的议事日程。如果您关注新闻的话,您会注意到,世界上最大的考古博物馆大埃及博物馆在吉萨高地落成,用以保护我们的文化遗产。埃及政府前一段时间举办了一个很大规模、很壮观的大埃及博物馆开馆式。我们把这个新的博物馆叫作开放性博物馆,其实整个埃及都是一个开放的博物馆,你随便走到哪里都可以看到历史遗迹。埃及人民一直都很自豪。

我一直认为,当今文明应该是建立在古代文明发展的基础上,古老文明也会督促我们去实现新的繁荣。这个世界正在失去一些软实力,失去一些精神领域的东西。谁能够把这个世界变得更好,让这个世界变得更加有人情味儿,更有道德,而非一个冷冰冰的现代工业社会呢?我可以很骄傲地说,只有像中国和埃及这样拥有良好和悠久历史文化渊源的国家才能做到,只有文明古国才有底蕴去承担这种职责。所以,我觉得"一带一路"倡议确实是很好的倡议,它有两个重点:一个是互联互通,一个是人心相通,搭建和形成很多合作关系和人际关系,密切人与人之间的交往。如果我们能够在"一带一路"框架下进一步推动人心的互联互通、人民之间的互相交流,我们一定可以将现代文明建设得更好,将现代文化建设得更好。现在的人,特别是年青一代,其实已经开始厌恶这种冷冰冰的现代工业社会,包括战争啊,对人民漠不关心的内政啊,失败的外交等。所以,我觉得"一带一路"倡议如果能够进一步推动人际交流和人心相通,那将会非常重要。

徐宝锋: 古老的文明中蕴含了人类早期丰富的智慧和经验。现代文明在几百年间获得了蓬勃的发展,但在整个人类文明发展的历史长河中也只是一个短暂的阶段。在后疫情时代,在工业化和消费主义的弊端日益凸显的当下,人们应该清醒地认识到两个方面的问题。首先,古老文明的深厚积淀是现代文明稳定发展的肥沃土壤;其次,古老文明的传承与创新是现代社会文化软实力的重要支撑，根深才能叶茂。包括中华文明和埃及文明在内的世界古老文明拥有可持续发展的稳定文明基础，也在源源不断地为本文明传统中的现代社会发展提供滋养。中华文明的爱国、敬业、乐群、慎独的优良传统在中国社会抗疫中发挥了重要作用，中国自古以来"天下为公""讲信修睦"的信念是后疫情时代共建人类命运共同体的重要价值支撑。一个国家的文化软实力短期内依靠的是其对于科技、经济和政治的影响，从中长期发展来讲，则更多决定于一个国家的文明传统所能够提供的持续性给养。中国正在努力构建中华优秀传统文化传承发展体系。无论是"一带一路"倡议的"五通"，还是中国所秉持的和平发展理念，都将是中国这个拥有古老文明的国家在后疫情时代对于整个人类文明建设的巨大贡献。

"我们的精神世界不应该被忽视"

肖连兵： 你们都提到文化软实力，请进一步阐述它的作用。

沙拉夫： 当代文明是一个比较复杂的定义，它包括硬实力和软实力，文明包括"硬件"和"软件"。虽然说这个物质世界在发展，但是我们的精神世界不应该因此而被忽视。比如说你看中国，中国工业化发展很快，基础设施发展非常好，而中国的传统价值观也鲜活地保存了下来，传统文化也保存了下来。我们不应该忘记，在发展现代化的同时，还应该保存我们的文化，忘记了这一点将是一个很大的错误。我想说的是，我在中国的所见所闻让我越发觉得中国在这方面是一个榜样，人们的言谈举止态度都表明中国的"硬件"和"软件"确实发展得都很好，中国的软实力在一直不停地巩固着它的硬实力。

文化是软实力，不同国家通过软实力相互吸引。这种软实力体现为电影、电视剧、音乐和戏剧之类的艺术，这是最利于促进人民之间互相了解的方面。中国的工业和基础设施的发展举世瞩目，令我们非常惊叹。但另一方面，我们也需要更多地了解中国的文化方面，就是在现代中国语境下的文化。我们埃及人对中国的了解可能就是古代中国，我想中国人对埃及的了解也是如此，可能更多了解的是金字塔，几百年几千年前的古迹。现在的埃及人已经非常清晰地看到了中国在经济和技术方面的发展，但他们也需要在文化方面对中国有更多的了解。我们现在其实有这样一个愿望，就是去了解在中国快速发展的背后，有哪些文化和理念在支持中国的快速发展。对于我个人来说，我特别喜欢中国的书法，还有中国博物馆里的艺术品，我对中国的艺术非常惊叹，非常希望能够把这些艺术带到埃及，让埃及人品味中国文化，这样才能够真正地了解对方。

徐宝锋：文化软实力不是冲击力和破坏力，而应该是一种融合力和建设力。文化软实力不是通过军事力量、经济力量和政治力量建设起来的，文化软实力和文化霸权是相互冲突的。基于其他力量所生成的文化霸权最终造成的是文明的冲突，对于弱势文化群体所造成的影响是极具冲击力和破坏力的。中国正在不断形成自己的文化软实力，但是中国文化软实力的逻辑起点和目标是基于自己既有的深厚文明基础，是在吸收、借鉴和创新的过程中逐渐形成的。无论是马克思主义的中国化，还是对世界其他文明传统的学习和借鉴，都体现了中国在文化软实力生成过程中十分显著的融合与建设特征。在"美人之美，美美与共，各美其美，天下大同"的愿景下，中国的文化软实力更像是一个古老文明贡献给整个人类社会的一种发展理念，是一种世界不同文明共同繁荣和发展的重要引擎。中国未来的发展必将会建设性地影响世界，但肯定不会如西方某些国家那样破坏性地干预世界。

肖连兵：你们对实现文明交流互鉴的途径有什么见解？

沙拉夫：我们经常说，如果想去了解另外一个国家的文化，最好是到那个国家生活一段时间。文化怎样才能够进行有效的传播？文化是浸透在生活当中的，不同的文化要传播到其他地方的话，你是要用一种强势的方式呢，还是用一种智慧的方式？我觉得比较好的传播应该是通过类似媒体、体育、教育这些柔性的、软性的方式去进行，而不是采取一种比较强势的态度。人与人之间应该相互理解和相互交流，人文交流是后疫情时代文明传播的最好方式。在这方面，我们需要付出更多的努力。人与人之间的这种交互对话将会非常有力地促进文化的传播。

徐宝锋：文明交流互鉴的基础是民心相通。世界不同文明的发展基础是不同的，但人类对于健康、幸福、安全和稳定的追求是共通的。后疫情时代，文明交流互鉴显得越发迫切和重要，因为整个人类社会发展史上从来没有一个历史时期将整个人类的共同命运像现在这样紧密连接。这一背景下的文明交流互鉴可以从"接触""分享""交流""互鉴"四个途径予以实现和加强。因为疫情，线上形式成为国际交流的主要方式。虽然线上接触的现实体验感受限，但在线论坛、会议等接触方式已经突破了既往的经济、空间等客观条件限制，扩大了不同文明的接触面和接触频次，如能在此过程中彼此分享身边的真实故事，交流彼此的理解和认识，那么就会在民心相通的基础上实现多频共振与文明交流互鉴。

肖连兵：请你们谈谈"一带一路"倡议对文明交流互鉴的作用。

沙拉夫：我认为，在"一带一路"倡议提出之前和之后，埃中两国的文化交流情况是不同的。"一带一路"倡议是一个分水岭。在其提出之前，埃及和中国之间的文化交流主要还是几千年前古代的一些内容。在其提出之后，埃及积极回应这一倡议，埃中两国关系有了一个质的飞跃。我个人就举办了和"一带一路"相关的几百个讲座。通过这些讲座，我让更多的听众越来越多地理解了基础设施、人文交流对于国家间关系的重要意义。据我观察，现在人们对文化交流、人文交流的重要性的认识程度比以往任何时候都高。埃及和中国的政治关系在不断稳定地推进，而人文交流可以有力地促进这一进程，我们两个世界古老文明会连接得更加紧密。我觉得，在未来还有更多的事情可以去做，不光是我们两国之间，对于整个世界来说也是如此。

徐宝锋："一带一路"倡议立足当下，链接历史与未来，既是世界共享发展成果的务实举措，也是对世界文明发展的历史和未来的重要回应。古老的丝绸之路在促进中外文明交流方面发挥了巨大作用，甚至对推进整个世界现代文明进程产生了重要影响。"一带一路"将朝着实现政策沟通、设施联通、贸易畅通、资金融通、民心相通的方向稳步推进，世界范围内的文明交流互鉴是大势所趋。

"人类命运共同体理念倡导国家间开展交流与合作"

肖连兵：文明交流互鉴与构建人类命运共同体有什么联系？

沙拉夫：人类命运共同体是一个非常重要的理念，它可以促使不同国家之间开展交流与合作。因为我们全世界的人民都生活在同一个星球上，我们面对的全球性挑战和问题都是一样的，我们必须一起去应对它们。人类命运共同体理念非常重要，建设这样一个共同体有助于人们建立更加紧密的相互联系。每一个民族都有自己的价值观，如果我们能够通过文明交流互鉴，建立一种不同价值观之间的交流机制，并发现不同价值观的共同点，将会对构建人类命运共同体有很好的帮助。人们不交流就不会彼此理解，而大家互相理解的话，就能够把人类命运共同体理念付诸实践。埃及和其他国家的一些学者曾指出，儒家思想、伊斯兰教、基督教等各种不同的思想和宗教有12条非常相近的基本价值观，它们差不多都是一以贯之地存在于这些思想和宗教里。

如果我们能够加强文化交流和文明互鉴的话，我们可以在不同文明之间找到更多的共同点。我认为，文化交流的效果应该反映在文化的互相认同和价值观的互相认同上，让人们意识到不同文明其实信奉的是差不多一样的价值观，这样的话很多人就会更好地接受人类是一个命运共同体的理念，我们就会在人类命运共同体这条路上走得更远。现在推动文化交流能够更好地让人们准备好去迎接一个人类命运共同体的未来。

徐宝锋： 文明交流互鉴会增进彼此之间的了解，消除不同文明之间的偏见和误解，凝聚不同文明对于人类未来福祉的共识。世界不同文明无论其历史长短、影响强弱，都对整个人类社会文明生态的平衡与发展有所贡献。我们必须尊重世界文明的多样性，只有在此基础上才能建立起平等互信的对话和交往关系，才能从人类命运共同体的角度去思考整个人类社会的未来。在这个过程中，恃强凌弱、唯我独尊等单边主义和极端主义的态度和方式都是极不可取的。在世界范围内建立起良性互动的多边人文交流机制，应该成为未来人类社会发展的必然选择。

肖连兵： 你们如何理解一个国家和一个民族坚持文化自信和文化互信对构建人类命运共同体的推动作用？

沙拉夫： 我之前在北京参加了一个很重要的论坛，主题是关于如何建立国家之间的信任。要进行全面合作，就必须要有互信。怎样建立信任？首先要相信自己的文化，并去尊重别人的文化，尊重对方文化和自己文化的不同。我认为，这其实就是习近平主席说的文明交流互鉴。文化并不是要一模一样，而是要"美人之美，美美与共，各美其美，天下大同"。自信并尊重别人将带来更好的互相合作和交流。

我想，这可能也是"一带一路"倡议要解决的核心问题。一个国家、一个世界、一个共同体，应该有不同的文化，文化多样性不管在任何地方都是非常重要的。如果一幅画只有一种颜色，这幅画就会显得非常单调。我们这个世界也是这样。一个国家需要有自己的身份和文化的认同。在埃及，我们有穆斯林，但埃及并不只是穆斯林的埃及。中国有56个民族，每一个民族都有自己的文化，但又都属于这个国家，都是国家文化和国家文化身份的组成部分。每个民族可以有自己的文化，但是在国家层面这不应该成为冲突的元素，在宏观层面我们应该尊重这样的不同。实际上，从国家和全球的角度来看，我们应该有一个超越一切的共识，就是我们都是人类的一分子，我们绝对超越不了这样一个大前提，所以我们不应该去推动文明冲突，而应该相信并接受人类有不同文化、全球有不同文化形式这么一个概念。

徐宝锋：文化自信和文化互信并不矛盾。文化自信是文化互信的基础和前提。一个国家和民族只有克服了历史虚无主义，能够深刻发掘本国家和民族的历史文化传统，发现本民族文化传统中那些具有历史价值和时代动力的文化精华，才能有效确立自己的文化自信，并同时在根源上发现与其他文明的相通性，进而找到和其他文明互信的价值基础。人类社会有着共通的对于未来福祉的追求，一旦找到了这种价值的共通性，我们就会越过政治、经济、宗教和文化的藩篱，去共同探讨一种大家都能够接受的发展方式和互动模式。在文化自信的基础上生成文化互信，在文化互信的前提下聚焦人类命运共同体所秉持的"持久和平、普遍安全、共同繁荣、开放包容和清洁美丽"五大目标，我们必将能够一起应对我们生活在同一个星球上的挑战。

第四章

后疫情时代：构建人类命运共同体

后疫情时代：更加双赢的全球化

2020 年 4 月 17 日

格列格尔茨·W. 科洛多科（Grzegorz W. Kolodko）◎波兰前副总理、财政部部长，世界著名经济学教授，波兰经济改革的关键设计师，欧洲艺术、科学和人文学院成员，欧洲科学院成员，俄罗斯科学院外国成员及十几所大学的荣誉博士。目前担任华沙科兹明斯基大学国际组织专家。

新冠肺炎疫情给世界投下了巨大的阴影。它使人类面临难以置信的诸多挑战，这些挑战与其他消极的大趋势以及尚未解决的经济、社会和政治问题同台亮相。上一次全球金融和经济危机的系统性和结构性根源并未消除。新自由主义的意识形态、政治主张和牺牲多数人利益，让少数人发财致富的错误，阻碍全球化更加包容——如中国人所说的"双赢"。对自然环境的破坏和全球变暖的进程并没有被叫停，收入不平等仍在加剧，人口结构进一步失衡导致大规模移民。由于无法协调一致来解决日益严重的跨国问题，由于相互依存的全球经济缺乏管理机制，政治局势愈发紧张。伴随着美国对中俄两国发起冷战和贸易战，仇外主义、沙文主义、新民族主义和保护主义的幽灵正在抬头。

新冠肺炎疫情最终不会逆转全球化

世界需要的是新思想和伟大的领导者，具有全球视野的政治家，而不是高喊"美国优先"的煽动者！无政府主义破坏世界文化和经济，为了避免它的出现，我们需要新的思想和发展理念，如新实用主义。

我们正在经历一个匪夷所思的时代。在这个时代，引领全球经济持续发展的希望寄托于中国和印度，而不是美国和日本；在这个时代，诸多政客无力创造一个更好的未来，而只能祈祷一个更好的未来；在这个时代，企业家想的是储蓄，而不是投资；在这个时代，愚蠢战胜智慧，咄咄逼人压倒感同身受。如此等等，都是我们人类的品行。

新冠肺炎疫情叠加于现代文明和全球化经济的这些大趋势之上。没有人知道它到底什么时候会来，会是什么样子，但它显然终将到来。我在《真相、谬误与谎言：动荡世界中的政治与经济》一书中曾写道，"大规模疾病、迅速蔓延的流行病、消磨身心的诸多难民危机对我们的威胁日益严重"，"设想不会出现具有艾滋病毒或'SARS'那样致命潜力的新病毒，将是极为天真的，这样的新病毒迟早会出现"，而"在当今世界，面对流行病学上的威胁，越来越需要在治疗和预防政策上进行全球协调"。我写下这些话并不是我有多么高瞻远瞩，也不是我有多么悲观。

森林被烧毁的时候，不是为玫瑰感到遗憾的时候。现在不是为生产下降而遗憾的时候，生产下降是因为我们要奋力救人性命。由于采取了不同寻常、成本高昂的预防和治疗措施，数以百万计的人们的生命得以拯救。与经济萧条——一些经济体势必遭遇—造成的损失相比，拯救生命与维护健康更有价值；与股票交易所损失数万亿美元相比，拯救生命与维护健康同样毫无疑问更有价值。股票的内核就是投机，因此没什么可遗憾的。然而，我们不可低估养老基金价值的下降和疫情造成的经济影响—无论是在供给侧和需求侧，还是在人的心理和社会意识层面，甚至过了几十年我们还能感受到。

我们可以应对这些短期问题，尽管微观经济形势十分严峻，宏观经济后果也很严重。中国已经在其遵守纪律的社会层面和中央享有权威的国家层面控制住了局势,而西方国家正在经历一场根本性危机,其影响深远。

政府增加公共支出,支持经济复苏,保护有特殊需要的人群和个人,这是正确的。需要为经济注入数百十亿美元,甚至数千亿美元,取决于实际情况。当然,对于大多数国家而言,这将增加预算赤字,但在当前形势下,这也是两害相权取其轻,许多国家本来就很难控制公共债务。许多国家的央行降低利率也是正确的。整个银行业都面临着巨大的挑战,它们必须通过相关措施来支持企业的金融流动性,特别是推迟偿还贷款,并将贷款分期发放给受危机影响的企业。

长期影响更为重要。毫无疑问,生产与消费的动荡引起的"流行病"将影响到跨国公司的应对,影响到经济决策部门的头面人物对参与海外生产链和供应链的态度。我认为,当最坏的情况过去后,理智将占上风,全球化不仅不会受到损害,恰恰相反,它将变得更为双赢。不过,在这种情况发生之前,反全球化的愤恨将占上风。

多边主义而非单边主义必须成为全球准则

恐惧和非理性主义、狭隘主义和民族主义、特殊主义和保护主义的抬头,才是可怕的。我们不仅受到看不见的东西——新型冠状病毒——的威胁,而且还受到肉眼看得见的东西的威胁:仇恨。种族仇恨,伊斯兰恐惧症、中国恐惧症、俄罗斯恐惧症,保守的英国人对来自布鲁塞尔的欧洲人的态度,排外的法国人对中东移民的态度……

当唐纳德·特朗普从区域自由贸易协定中抽身,反对向全球变暖开战的《巴黎协定》、伊朗核协议、美俄中程条约、世界贸易组织,这对和平合作和包容性全球化进程造成损害。中国领导人的主张是对的,多边主义，而不是单边主义，必须成为全球经济和政治博弈的准则。

后疫情时代，应通过逐步过渡到一种新的实用主义的方式，来创造一个更美好的未来，这种新的实用主义是一种旨在实现经济、社会和生态三重平衡的经济学理论和发展战略。这样人类才有机会拥有共同的未来。

在疫情中认知相互依存的世界

2020 年 7 月 21 日

伊戈尔·伊万诺夫（Igor Ivanov）◎ 1998 年任俄罗斯外交部长，2004 年任俄联邦安全会议秘书；现任俄罗斯国际事务委员会主席，兼任莫斯科国立国际关系学院教授。

新型冠状病毒是所有国家的公敌，为了取得对其斗争的胜利，需要加强团结合作。世界上大多数国家正是这样做的，正在彼此伸出援助之手，共克时艰。但非常遗憾的是，也有一些国家为了达到为自己所犯错误辩护的目的，对别国无端指责，妄图利用这次灾难获取单方的政治和经济利益。

与新冠肺炎疫情蔓延相伴随的是全球经济开始衰退，这在世界史上将成为重要的分界线。毫无疑问，人类终将战胜挑战，但这次挑战带来的后果对于国际关系格局的影响将长期存在。

第一，疫情令人信服地证明，如果没有全球治理将会导致怎样严重的后果，而直接的后果就是一些国家公然藐视联合国宪章和国际法准则，损害其他国家的合法利益。已经出现了一种反常态势，在这种态势下，所有的安全威胁更具有全球性，而各国致力于抗击威胁的协调机制却在遭受蓄意破坏，导致国际不稳定性和不可预见性加强。

第二，我们看到，相对于世界政治中的其他参与方，民族国家的力量正在急剧强化。在抗击新冠病毒的斗争中，正是各个国家，而非国际组织、国际一体化联盟或多边联盟在发挥主要作用。我们看到，整个国际体系向旧的威斯特伐利亚模式的明显转化正在发生。

第三，疫情带来的挑战正在使所有多边组织内部业已存在的严重的体制性问题，以及政治和经济问题更加凸显。在这种背景下，反全球化的力量正在加强，孤立主义、排他性泛起，客观上使各国在国际关系关键领域的合作变得复杂。

第四，疫情对世界各地区已有危机的影响是消极、逆向的。世界政治的主要参与方当前首先忙于解决自己的内部问题，完全没有精力调配资源解决地区性问题。在世界很多"火药桶地区"产生的权力真空正在带来新的冲突，出现了国际恐怖主义抬头、不受控制的移民激增，以及其他危险后果。

疫情再次验证了诸多现代威胁的性质，这些威胁更多带有超国家和跨境性质。国际恐怖主义、全球气候变化、网络犯罪、人工智能管控、最重要自然资源的衰竭、食品安全等威胁和挑战的数量将不断增长，国际社会应为此做好准备。

实际上，世界已经处于未来何去何从的最重要的分岔口上。一条是自我隔绝的道路，各国如果沿着这条道路前行，只是力图独自解决问题，在自己的领土上建立似乎稳定的孤岛。这样的道路即使有益处，也只是暂时的。疫情也再次证明，世界是如此相互依存，这种相互依存是当代世界发展规律的体现，也将凝聚起众多力量。

另一条道路是采取更积极的政策和措施。一方面，要反对旨在破坏世界秩序的单边行动；另一方面，很多专家学者都将与疫情的斗争比作一场战争。现在已经到了各国采取积极立场的时刻，呼吁维护世界和平、恢复共治，并将这种治理水平提升到更高层次。今年5月18日，中国国家主席习近平在第73届世界卫生大会上提出的一系列倡议，正是有助于实现上述目标。中国领导人提出的具体行动纲领和计划，将促使世界各国人民携手合作，共同建设人类卫生健康共同体。

在这方面值得一提的是，俄中关系最近几十年发展的经验非常具有借鉴意义，可以成为国际舞台上国家间的合作模式之一。俄中两国正在示范的是，如何在准确把握利益平衡基础上构建合作关系，同时不会牺牲国家主权，不会将这种关系置于本国对外政策优先方向的对立面。各国在防控新冠肺炎疫情方面开展了卓有成效的合作，不仅仅是提供人道主义援助，还包括提供必要的防控信息和交流经验，这也是各国人民之间真诚友谊的又一个体现。

任何危机都是考验。我相信，我们能够经受住考验，从中提出旨在加强国际安全与合作的新思想，并取得最终胜利。

对 话

疫情后的世界须就人类命运达成共识

2020 年 8 月 4 日

卜玉洗（Ulrich Blum）◎欧洲科学与艺术院院士，德国弗劳恩霍夫研究协会材料经济研究所创始所长，哈勒大学经济政策讲席教授。曾任德国德累斯顿工业大学经济学院创始院长、哈勒经济研究院创始院长。

冯晓虎◎柏林洪堡大学与对外经济贸易大学博士生导师，对外经济贸易大学教授，对外经济贸易大学成都研究院院长、中德经贸文化中心主任。

我们明确了战略——"将资源投入战'疫'"

冯晓虎：从历史进程视角看，大规模瘟疫几乎总是在带来巨大灾难的同时带来巨大改变。14世纪40年代欧洲大规模暴发黑死病，英国死亡超过100万人，而那时英国全国才400万人。黑死病导致当时英法之间的战争打了一百多年，史称"百年战争"。有统计称，黑死病导致欧洲共死亡2500万人，是欧洲历史上不堪回首的一页。但这次大瘟疫却极大地动摇了天主教政教合一的全面权威，欧洲黑暗中世纪透进了一缕阳光，直接催生了以"活在当下，而非天国"的薄伽丘之《十日谈》为首的一大批伟大文化作品，为欧洲历史上最光辉的一页—文艺复兴写下了浓墨重彩的第一笔。

新冠肺炎疫情暴发后，中国成功阻击疫情，这是不争的事实。疫情在全球蔓延后，中国尽全力履行自身的国际责任，对其他国家提供了大量援助。对此您的看法如何？

卜玉洗：毫无疑问，全球化合作将变得更加重要。从长远来看，这次疫情像历史上所有灾难一样，也将带来巨大的体制和技术变革。不过，总会几家欢喜几家愁。正如世界金融危机给我们的教训，一些国家不愿承认依赖其他国家的资源并非可靠的成功之路，也不愿承认本国面临的问题中一部分是咎由自取，而疫情让这些问题变得致命。福无双至，祸不单行。新冠肺炎疫情期间一并袭来的，还有克罗地亚地震、美国极端干旱，以及一些后果更为严重的非自然事件：石油市场崩溃、疫情导致公共收入剧减、旅游业崩溃，等等。

中国抗疫是成功的。欧洲在真正意识到疫情严重性之前，白白浪费了中国争取到的宝贵的几周时间。但随后我们明确了战略——"将资源投入战'疫'"，并加以实施。德国在1月份向中国捐赠了大量医疗物资，这多少证明厚道之人必有后福。我们也十分感谢中国在我们最需要的时候援助了我们大量的物资！

我们必须将市场优先与医疗设备和疫苗及其服务世界的能力结合起来。政府应当未雨绸缪，我们必须制定标准，以利于受专利保护的设备、药物和疫苗在全球投入使用，为应对下一次流行病做好准备。

冯晓虎："新冠肺炎疫情后的世界将会是另一个世界，但这个世界到底怎样，取决于我们如何面对它。同样，此次疫情也是对人性的一次考验，因为人性的善与恶在疫情面前暴露无遗。"德国总统施泰因迈尔在今年复活节发表的这段讲话，让我感触颇深，想到美国政府的疫情应对。尽管世界卫生组织于今年1月初便已向全世界发出新冠病毒警报，但美国政府一直宣称新冠病毒只不过是"大号流感"，美国政府的不作为导致疫情在美国蔓延，其确诊病例与死亡病例均为世界第一。

可美国一些人却始终忙于甩锅中国、世界卫生组织及其他国家。相当长时间以来,美国都倾向于奉行贸易保护主义,本届政府尤甚。在此我想请教作为经济学家的您:新冠肺炎疫情会成为美国奉行保护主义的借口吗?

卜玉洗: 疫情在未来或将成为一种新常态。只要世人认真对待事实,这些无端指责的影响是有限的。特朗普针对新冠肺炎疫情的言论显然与事实有很大出入,他想为即将到来的大选造势,也想在与中国的贸易战中占领道德高地,但这会长期并深刻地影响中美两国关系。无端指责会让两国间原有的好感消耗殆尽。欧洲并不想参与这场论战。

此时,所有国家最明智的举措就是让一切治理措施都更加透明,在流行病第一例感染出现后,就要评估其传播速度并迅速拿出治理方案。德国的幸运在于储备了大量重症监护床和呼吸机,是其他工业国家平均水平的3倍,因此德国的疫情控制得比较好。现在,欧洲人也开始采取中国方案,戴口罩的路人变得随处可见。

德国的经验表明,流行病在城市比农村更严重,这不仅是因为农村居民密度较低。我们必须考虑提高城市"面对极端风险的稳健性",德国政府正在完善相关法律法规,因为目前我们还没有针对流行病这种"紧急状态"的法规,德国的《紧急状态法》仅涵盖战争,而且还是制定于冷战时期的"古董"。这方面,我们需要完善的地方还很多。

这场危机凸显了不同国家和文化对生命价值的看法存在差异。当社会承压面临极限时,如疫情严重时的武汉、意大利北部、法国东部和纽约,必须决定如何建立分级诊断系统,但西方人很难接受这一点。

与中国脱钩是意识形态上的高烧

冯晓虎: 疫情还没结束,美国政府就开始否定全球化。在我看来,疫情过后，全球化格局可能出现变化，但全球化不会消亡，大概率会短期内出现一个"没有美国的全球化"。当美国认识到全球化不可阻挡时，它还会重新参加进来。

说到底，全球化是发达国家主导的，发展中国家虽然也受益，但绝大部分好处落在发达国家。发达国家通过全球化占领了全球价值链的顶端，这也是世界上出现"反全球化运动"的原因之一。现在美国政府要退出全球化，回归贸易保护主义。德法英日这些发达国家的国民高收入都依赖贸易，它们必然反对贸易保护主义，美国再威胁也没用。

卜玉洗： 未来价值链的控制将是技术驱动的竞争。我们所面临的挑战不在于自由贸易与受控贸易之间的冲突，而在于自由贸易与价值链控制之间的矛盾。

冯晓虎： 其实，美国从全球化中受益匪浅。美国"闭关锁国过得更好"是一个伪命题，我不认为美国的那些精英真会昏头至此，否则美国注定会加速没落。作为经济学家我们都知道，"把工作岗位都带回美国"这种口号不过是忽悠选票的。今天，没有多少美国人愿意在工厂里做日薪10美元的工作，如果当初他们愿意干，美国公司根本就不会来中国建厂。不久前德国电视一台《晚间新闻》报道英国一位农场主雇用了20个英国人采摘芦笋，这些英国本土季节工本来向往着在绿色田野上吹着风惬意工作，结果劳动强度之大，令他们当天就打了退堂鼓，其中一个年轻女孩说："我现在真的是太佩服那些来自罗马尼亚的季节工了。"

迄今，美国企业在华投资总量仍然数倍于中国在美投资总量。我不相信美国一些人鼓吹的"脱钩中国"能成功。与中国这个明显具有强劲可持续性的巨大市场脱钩，完全违背资本的本性，不过是意识形态上的"高烧"，不可能长期"高烧"下去。

您如何看待疫情后的世界经济？此次新冠肺炎疫情是否会对全球化进程造成严重影响？

卜玉洗： 过去20年来，一些国家进口总量在持续减少。只有经济绝对增长，进口才能提高。未来将会有越来越多的国家采纳这种"进口替代"政策来争夺科技主导权。逆全球化趋势其实早已有之，我想区域一体化将优先于全球一体化，也许全球化会采取走廊方式，如"一带一路"方式，或集群方式，如地中海盆地方式，来进一步影响价值链。产业链断裂非常危险。中国在这方面树立了榜样，在过去几年里不断扩大对外开放。

关于疫情对世界经济的影响，我们已经看到旅游业一步步衰落，并会把某些国家拖向崩溃的边缘；航空、海运、交通运输将遭遇寒冬，因为国际往来越频繁的地区，疫情传播越快；欧洲食品价格已在上涨，还会进一步上涨，因为欧洲劳动力从事农耕的前提是自由流动。不过，虽然出现了价格上涨和贫困问题，但疫情也可能让非洲等地的区域农业迎来投资机遇。我预测世界经济将萎缩大约5%—10%，各国的具体情况会根据产业结构和对外开放程度而异。只有少数国家经济会迅速复苏，我认为，中国和德国将在此之列。

贸易战的阴郁氛围对世界无益

冯晓虎： 本届美国政府热衷于"退群"，最近又宣布退出世界卫生组织，声称此举能够保护美国利益。我认为，美国要在世界卫生组织之外另起炉灶的努力大概率会失败。美国频繁"退群"的行为让世界各国极为不满。您怎么看待美国这种做法？

卜玉洗： 近年来，美国的确退出了许多重要的国际组织，主要是由于它想维护自认为的美国利益，或偏袒某个国家。其实，一个国家只有成为一个国际组织的成员，才能拥有改变这个国际组织的影响力，毕竟改变要从内部做起。美国大打贸易战，但贸易战带来的阴郁氛围对世界没什么好处。我们必须就人类命运达成共识，我觉得"中国复兴""让美国再次伟大"和欧洲拥有政治领导力三者可以共存。

冯晓虎：疫情在中国暴发初期，中国曾收到捐赠自欧美的医疗物资。但我从来没听到过，也没看到过中国指责欧美想通过捐赠医疗物资来增加它们的国际影响力；相反，中国从国家领导人到普通民众对这些捐赠都深为感谢。中华文化是知恩图报的文化，疫情在欧美暴发后，中国政府和民间都向欧美各国捐赠和提供了大量抗疫物资。在华德国洪堡学者建了一个捐赠微信群，很快就达到微信群上限500人，一天之内即捐赠人民币17万元，最后购买649套医用防护服，通过德国驻上海领事馆捐赠德国有关方面。此事我本人参与其中，所以可以负责任地证实，这次捐赠行动完全是中国洪堡学者自发所为，跟中国政府毫无关系。如果有人认为这是中国政府"增强中国影响力"的政治行动，我觉得，这最起码伤害了上述所有中国洪堡学者，包括我本人在内。

在21世纪，一个国家的世界影响力来自于如何为本国人民、为世界人民谋求更好的生活，而不是靠恶意抹黑和极限施压。在我看来，世界现在的至善，是坚定不移地维护全球化与多边主义。

卜玉洗：我一直坚信我们需要更多的向善。人终有一死，临终前最后几分钟我们应当都会回顾自己这一生，当然希望这些回顾令人欣慰。美国领导人如果也想感到这份欣慰，那么现在就该改改做派。我并不想对其全盘否定，也不想像德国哲学家尼采说的那样，"既然要摔倒，莫如再推他一把"。我觉得我们可以借鉴德国哲学家康德的三点思想：第一，每个人都有权利得到最大限度的行为自由，只要以此为据的普遍法则与其他人的行为自由彼此相容。第二，人是目的，而非手段——这非常符合中国的国际形象,因为中国总是把人放在第一位。第三,有价值的东西必然有价格,但有价格的东西未必有价值。作为经济学家,我们的底线是,不能简单地物化一切。

冯晓虎:英国作家狄更斯在《双城记》中写道:"这是一个智慧的年代,这是一个愚蠢的年代;这是一个信任的时期,这是一个怀疑的时期;这是一个光明的季节,这是一个黑暗的季节;这是希望之春,这是失望之冬;人们面前应有尽有,人们面前一无所有;人们正踏上天堂之路,人们正走向地狱之门。"新冠肺炎疫情终将成为历史,人类仍将砥砺前行。与以往一样,通往光明和幸福的路,需要人类自己开辟。我们更应该患难与共,而非针锋相对,我们不仅要坚守全球化,也要坚守多边主义。

卜玉洗:多边主义不可替代,也需要长期建设与维护。在盘根错节的世界中,我们需要多方的互相支援与献计献策,仅靠两方谈判和向对方甩锅无法解决问题。

中德企业在当前加强合作绝非偶然

冯晓虎:德国两次发动世界大战,两次被打得稀烂,却两次迅速恢复,其经济治理方式值得研究。艾哈德是20世纪德国社会市场经济之父,他认为经济说到底就是政治,他坚持经济是手段而非目的,他主张的货币改革政策就是为了更好地实现社会公平。德国二战后的经济奇迹恰恰证明艾哈德货币改革的成功,当年被称为"艾哈德奇迹"。您是德国艾哈德基金会国际科学家委员会主席,想必对此很有研究。

卜玉洗:咱俩一起重新翻译了艾哈德的《大众福利》,我在此书中文重印版前言中提到,艾哈德的政策主张与道家思想有暗合之处。他认为,只有通过竞争才能够实现社会公正,而自由的市场竞争还需要社会公正做背后的支撑。艾哈德的经济思想不是辩证法，它更靠近道家的"阴阳相济"。艾哈德主张的竞争就是"油门"，而社会福利则是"刹车"。有了好刹车，才能更好地控制油门。可当今确实有一些欧洲国家采取了油门和刹车一起踩的经济政策。

冯晓虎：最后，想就您最擅长的新材料研究说两句。人类新技术革命的一个重要领域是新材料，战后德国能够始终占据全球价值链的高端，较大程度上缘于德国在这一领域的强大竞争优势。您对后疫情时代中德加强科技合作有何期待？

卜玉洗：首先，新材料占德国工业创新的70%，对经济至关重要。其次，如中国所展示，对价值链的控制可能会因为新材料而有所放松，中国希望通过新材料，比如基于稀土的新材料，来提高价值链占位。事实上，根据我们研究所最近的一项调查，如果我们采用新的高性能电磁和相关技术，那么世界领先者只有中国、德国和日本。我相信，中国仍然需要德国智慧，尤其是独具德国特色的中小型隐形冠军企业的聪明才智，来为中国谋求发展。我也相信，德国必须在中国这个大市场推广技术才能有所作为。我们要牢记，中德经济具有几乎完美的互补性，一荣俱荣，一损皆损。

冯晓虎：您的判断已经得到证明。5月29日，安徽江淮汽车集团与德国大众汽车集团在北京人民大会堂签署了总投资130亿元人民币的新能源汽车战略合作协议，德国驻华大使葛策出席，大众汽车集团首席执行官迪斯远程视频参加，我相信他们挑选这个时间和这个地点绝非偶然。再看看以日韩打头的很多国家都要包机让员工赶往中国复工，"宝马"准备跟"长城"合资，"奔驰"准备参股福田汽车，再往前还有特斯拉2018年在上海投资500亿元人民币建"超级工厂"，而且工厂还没来，研发中心提前落户。

卜玉洗：这可谓"一荣俱荣，一损皆损"。

世界需要对我们共同命运的真正觉悟

2020 年 12 月 2 日

拉法兰◎（Jean Pierre Raffarin）法国前总理、法国政府中国事务特使、法国展望与创新基金会主席。

徐波◎法国"吴建民之友协会"主席、《转型中的法国社会》一书作者。

肖连兵◎光明日报社国际交流合作与传播中心秘书长。

遏制疫情危机有"三个关键因素"

肖连兵：尊敬的拉法兰先生、徐波先生，你们如何看待深受新冠肺炎疫情困扰的世界未来？

拉法兰：这场全球性健康危机非常严重，尤其是与 2008 年世界金融危机相比，多边主义显然是放慢了甚至倒退了。面对病毒，我看到每个国家都各行其是，缺乏合作。为重新有效地启动国际合作，我认为法中应该一起努力。我确信，在欧中之间建立一种围绕疫苗开发的合作对任何一方来说都是非常值得期待，甚至是必须的。

这场新冠肺炎疫情还会持续一段时间，而唯一能够减缓人们紧张情绪的办法就是接种疫苗。此外，我们必须考虑到那些医疗设施脆弱的国家，疫苗对这些国家人民的生命来说极其重要。

近年来，我们注意到民族主义在世界不少国家迅速抬头和国际关系日益紧张，新冠肺炎疫情凸显出全世界还缺乏对我们共同命运的真正觉悟。

为了遏制目前这场世界公共卫生危机，我认为由世卫组织确定一项明确的世界卫生战略、国与国之间深度的合作和有效的疫苗共同开发的国际战略是三个关键因素。我认为法中两国为此可以发挥重要作用。我们两国应该在与世卫组织战略保持一致的前提下加强在科学和卫生方面的合作。当年希拉克当法国总统时，我是政府总理，我们就通过巴斯德研究所和梅里埃医药集团与中国开展了这方面的合作。在法中两国之间建立一种平衡的合作，将有助于我们最终控制疫情大流行，同时也为我们今后应对全球公共健康危机做准备。

徐波：非常不幸的是，大流行已成为2020年最重要的事件，它对今天和未来人类生活都将产生深刻影响。我同意拉法兰先生的看法，面对新冠病毒的威胁，特别是与2008年世界金融危机时的国际合作相比，今天疫情下的国际合作远没有达到世界人民所期望的高度，而国际社会本应该从一开始就这样做。我认为，有鉴于我们两国各自拥有的能力，法中是重启这种国际合作的两个关键国家。如此，一个强化了的国际多边合作不仅将使后疫情世界变得更美好，也将成为2020年给历史留下的一个重要印记。

肖连兵：对于国际合作的前景，你们有什么见解？

拉法兰：法中是国际合作的最关键部分，法中两国要为重启国际合作提供活力。现在的国际多边合作已有75年历史。75年来，亚洲、中国和非洲均发生许多变化，全球治理应该反映出这样的变化。欧洲、法国和中国应共同努力，建立一个能够反映当今世界现状、有利于维护世界和平的多边主义。单边主义只能是死路一条。

徐波：拉法兰先生提到了当今国际关系的一个非常重要问题，即中法两国的合作。2005年希拉克总统在联合国教科文组织发起保护人类文化多样性公约，中法两国为此并肩努力；2015年的《巴黎协定》

更使人看到中法两国开展了良好合作。无论是保护人类的文化多样性，还是防止气候变化，都是当今国际社会的头等大事。现在轮到我们在公共卫生健康领域开展国际合作了。这样的多边合作不管由哪一方发起，关键是要本着开放精神，充分兼顾各方不同关切。

"理解中国，就得要有爱中国的意愿，要接受差异性"

肖连兵：拉法兰先生，徐波先生在他的新作《转型中的法国社会》一书中提到中法关系2.0版。他提出，要在两国人民间建立某种"心灵碰撞的火花"，需要在两国的历史中寻找共同的感动。您为徐波先生的书专门作了序，援引了前总统希拉克对您说的话——了解对方是成功的关键，希望中国读者去发现法国社会的另一面。请问，同处社会转型期的中法人民如何更好地增进彼此了解？

拉法兰：徐波的《转型中的法国社会》是一本非常棒的著作，书中涉及的问题对于法中两个社会来说非常重要。必须指出的是，文化是我们两国关系中的一个占有主导位置的因素，而非人们一直强调的政治、经济等因素。然而，许多人并没有意识到。为什么文化对我们如此重要？这是因为我们两国人民之间有一个关键点，那就是"敏感性"。

我们是两个非常敏感的民族，这种敏感性深深植根于我们的内心、思想和生存方式，这就是为什么在我们两国关系中需要真诚。徐波说的"心灵碰撞的火花"也是一种"敏感性碰撞的火花"。对于这一点，必须与中国人经常打交道后方可悟得。同理，徐波的书的重要作用就在于帮助中国读者跨越阻碍我们交流的文化墙，让中国读者看到这堵墙后面法国人民家中的一切。在欧洲，特别是在法国，由于中文的复杂性，许多人认为这堵阻碍交流的文化墙是无法逾越的。然而，本人

50年与中国人打交道的经验证实，情况恰好相反。

当我在中国旅行时，我感到自己与中国人是非常亲近的，尤其当我们使用的是那些非语言的表达方式。如在餐桌上，我们用手势和微笑交流，我们彼此理解是非常容易的，原因就是法中是两个具有高度敏感性的民族。在亚洲或欧洲，有一些素质很高的民族，但他们不像我们这样敏感。这就是为什么文化是理解我们两国人民的重要因素。因此，我们需要了解中华文明，热爱和思考建立在这种文化差异基础上的中国人的日常生活。在这方面，法国人对中国却知之甚少，甚至连我们的总统在他们就任前对中国都几乎不了解，但这些法国领导人在他们30岁时就已非常了解美国了，而他们了解中国却要等到40岁，有的人甚至要到50岁。

关于社会转型时期如何增进我们人民之间的相互了解，我们都知道文化是一个关键因素。中国文化博大精深，但文化如同"理解""和平"等一样，需要学习，需要培育，它不会从天而降。同理，"尊重""友谊"等也需要学习与培育。法国诗人雷内·夏尔说过："爱，就是接受事物的本来面貌。"爱中国，就得有一种爱的意愿。爱，也就是接受他人的不同之处。生活中确实有各种难以解释的事情，可能来自天上，或地上，或不知道的其他什么地方，这就是生活，我们必须认识并接受这种现象。理解中国，就得要有爱中国的意愿，接受那些彼此在存在形式上的差异性。法国人密切关注本次美国大选，我们有两只眼睛，一只看东方的眼睛却处在半闭状态，我们必须对西方和东方同时睁开双眼。文化有助于我们相互理解，如大自然，它是中国思想中经常表达的一个话题，而中国人的大自然思想与我们法国人这方面的思想是非常接近的。中国人的二元辩证思想，如天与地、阴与阳是一种非常现代的思想。法国哲学家弗朗索瓦·于连为此写了很多著作。还有一位法国社会学家埃德加·莫兰，他的"复杂思维论"在法国众所周知。他写了《方法》一书，其思想与中国人的思想非常接近。他的复杂社会学、行动中的生态学比我们法国人雅典式的思维要更接近于中国人的思想。

西方现在有一种对中国的恐惧。有人为此想到修昔底德陷阱，认为美国和中国注定要发生一场不可避免的战争。同样还存在着一种对中国的恐惧，担心中国变得太强大了，从而变得具有威胁性。这种恐惧显然是对中国和平文化的无知。我认为，中国拥有一切智力、精神和文化的手段来管控西方对中国的这种恐惧感，因为文化是中国最具和平作用的语言了。

在这方面，徐波所做的工作非常重要，我们必须促进两国在文化方面的相互了解。我们必须对事物做一些深入的研究，并通过旅游和参观文化和自然遗产等来理解两国人民。友谊只能是给予那些值得给予的人，友谊同样需要呵护。希拉克说过，"尊重是一项工作"，我们要做一些让人感受到尊重的标识性事情，而非仅仅是采取一种简单的对外沟通战略。

徐波：拉法兰先生指出文化因素是中法关系中的一个重要特征，我完全同意。他用"敏感性"来描述非常贴切。文化隔阂确实是一堵可怕的墙，它会阻碍我们两国人民之间更好地理解。我要强调一下深入研究一个国家、而非旅游观光那样走马观花的必要性。我认为中法两国人民之间要有"心灵碰撞的火花"，因为我们两国的历史是紧密相连的。法国神父谭卫道1869年在四川发现了大熊猫，法国神父德日进曾参与了"北京猿人"的鉴定工作，从而使世界更好地了解中华文明的起源，法国神父饶家驹1937年在日本占领的上海建立了"难民区"，收留了30多万中国难民。此外，法国的文化影响了周恩来、邓小平等一批赴法国勤工俭学的新中国领导人。1920年7月，一群风华正茂的中国青年聚集在法国中部小城蒙塔尔纪，他们一致认为救亡图存的最好方式就是建立一个革命政党,即中国共产党,领头的青年人就是蔡和森。2021年是中法里昂大学成立一百周年,中法大学也是中法两国人文交流的一个佳话。"心灵碰撞的火花"也是一种"敏感性碰撞的火花"。

"没有远见,没有展望,就没有领导者"

肖连兵:今年11月9日是戴高乐将军逝世50周年纪念日,他为西方世界开启了通往新中国的大门。你们如何看待戴高乐将军的外交遗产和他的领导力思想?

拉法兰:戴高乐将军的外交思想有两个基本要素:国家独立和国与国对话。1940年,当他只身飞赴伦敦建立"自由法国"时,他为的是抵抗德国对法国的侵略,防止法国成为德国的一个省。在美军诺曼底登陆时,他反对罗斯福总统,为的是防止法国成为美国的一个省。

戴高乐将军先是与德国人作不懈斗争,后来他与英国人和美国人一直关系紧张,都是因为要确保独立性。我不无遗憾地看到,近年来,戴高乐将军的这一原则多少被忽略了,如欧洲和法国针对俄罗斯的制裁政策受美国的影响太大,欧盟自己的主权独立性不够。我现在高兴地看到欧盟委员会冯·德莱恩主席又回到了欧洲主权独立的政策上。戴高乐将军所讲的独立并不是要自我封闭,相反,它是向世界开放的。如今,美国法律的"长臂管辖"正在强加给法国企业,威胁到法国的独立性。如果这些法律只是针对美国企业,我们欣然接受,但绝不能强加给法国企业,这就是戴高乐主义的原则。

不久前,我们与中欧国际工商学院、戴高乐将军基金会一起组织了一个"戴高乐将军领导力"网络研讨会,非常成功。戴高乐将军领导力的精髓就是他对法国有一种清晰的愿景,这个愿景首先是建立在永恒的法兰西基础之上，然后是对法兰西未来进行展望。从这一观点出发，我们可以与中方进行讨论，因为中国也有未来愿景，我们可以就愿景对话，特别是就地球的未来这一我们当前战略中的重大事项进行对话。我们对地球命运的共同关切使我们建立起一种博爱，这就是《巴黎协定》的核心，只有我们对世界有了共同的愿景，全球治理才能取得进步。

没有远见，没有展望，就没有领导者，这也是中国文化的特征。今天，中国正在制定国民经济和社会发展第十四个五年规划，人们不能否认中国是一个对未来有远见的国家。在戴高乐将军时期，这种远见体现在由戴高乐将军亲自创建的"国家计划署"，这意味着戴高乐精神在今天同样具有现实意义。

徐波：戴高乐将军值得钦佩，他是第一个承认新中国的西方大国领导人。对戴高乐将军来说，承认新中国就是法国对客观世界存在的一种"认可"。我认为，戴高乐将军在西方世界带头承认新中国的举动也同时为中国人打开了通往西方世界的大门。戴高乐将军的远见让人惊叹。在承认新中国的新闻发布会上，他不仅赞扬了伟大的中华文明，甚至还预测中国将在21世纪再次成为一个世界大国。我认为，戴高乐精神对我们今天建立后疫情时代世界秩序至关重要，中法都有共同利益去建设一个多极世界，今天我们更要重视戴高乐外交思想中"独立"和"对话"两大要素。面对美国的单边主义，特别是美国的"长臂管辖"日益损害法国和中国企业的利益，我们不能袖手旁观。

中法两国"差异性真实，共同性强大"

肖连兵：拉法兰先生，您在中华人民共和国成立70周年之际获得了中国政府的友谊勋章，这是中国政府对您与中国人民友好情谊的最高认可。能谈谈您的感想吗?

拉法兰: 对于中国政府给我颁发的勋章,我感到非常荣幸。这种荣誉所体现的认可也是双重的,换言之,这既是中国政府对我所从事的法国在中国的使命的认可,也是对像我这样为法国在中国的利益服务的法国人的认可。让我非常高兴的是,我的工作同样得到法国政府的赞赏,尤其是共和国总统们,从希拉克开始,然后是萨科奇,再后来是奥朗德,现在是马克龙,他们对我的工作都给予肯定。对于未来嘛,在与中国人民交往了50年后,面对博大精深的中国文化,我必须保持谦虚。

法国有一位叫保罗·克洛岱尔的外交官,他长期在中国生活,他回到法国后,当人们问他如何看待中国人时,他常常回答:"哎呀,您的问题让我感到很尴尬。"在我看来,法中关系是一种非常独特的关系,我不知道世界上是否还有别的国家间存在着这种特殊关系。简而言之,我们两国间差异性真实、共同性强大,对此必须明确指出,但差异性不能排除我们的共同性,不会因为有了差异性,共同性就变得不重要了。的确,我们的政治体制并没有建立在相同的原则之上。过去一些西方专家常常搞错,他们认为中国实行市场自由化后将发生政治体制变化,但今天的中国已清楚地表明它是一个特定的政治体制。

中国是一个具有中国特色的社会主义国家。也就是说,中国的体制充分考虑到其特殊文化传统、地理环境和人口等因素,我们不应该期待中国在明天或后天会成为像欧洲或美国那样的国家。我们制度的差异性也取决于其他因素,如个人在社会、群体、集体和家庭中占据的地位。这些都是非常重要的问题,我们必须予以正视。这样的辩论实际上涉及的是一个社会生活优先顺序问题,即究竟是个人还是集体重要?让我以人脸识别为例来说吧。它本质上是个人在社会中的位置问题,即自由是否比人的生命安全还重要?在法国尼斯发生的恐怖袭击使尼斯人改变了对此问题的看法,他们认为,如果当时尼斯市政府在街头安装了摄像机探头,这个悲剧本可避免,因为恐怖分子在发动恐袭前曾多次在恐袭地点踩过点。有关自由与安全孰重孰轻的问题也是一个非常古老的争论,我们不要为此感到害怕,我们要在政治和良知的范畴内来规范这样的辩论。我们是可以克服这样的争论的,就如同当年戴高乐将军克服了法国与苏联的分歧,从而维护了我们的共同利益和我们的共同性。

遏制中国经济增长是"一种反世界态度"

拉法兰:今天,有两个非常重要的世界问题等着我们两国:一是全球治理。我们都认同只有多边主义才能拯救世界和平,法国人民非常感谢中国人民支持《巴黎协定》,没有中国的参与,就没有这一协定。此举同样也凸显了我们的共同利益。二是围绕环境友好的质量型经济增长。中国是全球经济增长的引擎,在后疫情时代亦是如此。对于市场问题我们有些争论,如中国对欧洲的直接投资和欧中企业互惠等,欧中都在捍卫各自利益,这非常正常,但分享中国的经济增长活力符合我们所有人的利益。美国政府遏制中国经济增长的态度是一种反华态度,从根本上说也是一种反世界态度,因为中国是当今世界经济增长的引擎。作为结论,全球治理和市场增长是我们两国关系中的两个最主要的共同点。我们应深知,法中独特的关系在世界其他任何国家之间是不存在的,为此我们必须予以保护和培育。

因此,法中之间的共同性迫使我们要考虑那些长期合作,而非每天就事论事或机会主义式的合作。我们要抵制任何短期的压力,从而在组织结构上保证这种合作的长期性。这既对我们两国也对世界有益,如此我们就可以告诉世界,尽管我们不一样,但法中之间的差异性并没有妨碍两国在世界上发挥重要作用。这就是我们法中关系要向世界发出的信息，也就是要学会如何与一个与自己不同的合作伙伴在相互信任的前提下工作，并承认这样的差异性。我认为法中关系应该在某种意义上成为世界和平的"实验室"。我尤其相信我们两国的文明、互补性等要素有助于我们这项事业的成功。的确，我们有分歧，但我们两国也有非常接近的敏感性，这使得我们有足够的能力拥有互信，而互信又是国际关系中最根本的价值理念。

徐波：拉法兰先生几乎把所有的问题都回答了，对中法关系特殊性的判断非常有说服力，"真实的差异性"和"强大的共同性"是非常形象的描述。要知道，中法的这种差异性来自于我们不同的文化和生活方式，就如同中国人吃饭使用筷子和法国人使用刀叉一样，它源于我们整个生活方式中的各种因素，没有好坏之说。我们两国间存在强大的"共同性"，这是中法的共同财富，我们要用好并保护好。

学会把自己视为全球命运共同体的一员

2021 年 1 月 15 日

阿克塞尔·霍耐特（Axel Honneth）◎德国著名社会理论家、哲学家。曾任法兰克福大学社会研究所所长，是法兰克福学派第三代旗帜性人物、西方现代承认理论主要代表。代表作：《为承认而斗争》。目前在德国和美国任教。

巴拓识（David Bartosch）◎德国跨文化哲学学会会员，北京外国语大学国际关系学院外聘专家。代表作：《"无知的博学"与"良知"——库萨的尼古拉与王阳明哲学研究》。

薛晓源◎国际儒学联合会中国委员会副主任，北京师范大学全球化与文化发展战略研究中心教授。代表作：《飞动之美——中国文化对"动势美"的理解与阐释》。

疫情面前没有一个国家能够独善其身

薛晓源：尊敬的霍耐特先生和巴拓识先生，非常高兴与你们相聚在"光明国际论坛"这一平台。新冠肺炎疫情暴发至今，感染病例接近 1 亿、死亡人数接近 200 万，仅美国感染病例就超过 2000 万。如何审视和评判这场来势凶猛、影响深远的世界性疫情？

霍耐特：要想现在就圆满地回答您这个问题，还为时过早。毫无疑问，这场大流行病的主要后果之一，就是让我们感受到了人类在全球范围内不仅紧密相连，还存在诸多差异。一方面，我们很快就意识到，由于全球范围内的流动性，我们早已构建起了一个全球共同体，在疫情面前没有一个国家能够独善其身；另一方面，大家很快就明白，由于政治状况以及相应的卫生系统不同，各国应对危机的措施大相径庭。或许可以说，这是对全球一体化中存在的差异性的一次初体验。令人惊讶的是，在世界范围内，人们对具有系统重要性的活动和日常事务的优先排序迅速进行了重新评估。突然间，医疗、护理这些往往被所谓纯粹创造经济价值的行为所掩盖的工作，似乎比工业或服务业更具价值。在德国，人们第一次公开讨论究竟是什么决定一种工作具有"系统重要性"，可惜这个问题的提出为时已晚。成千上万的护士和老年护理人员每天都在做着报酬低微、几乎得不到认可的工作，极少受到关注，而至少在当下他们突然短暂地进入了公众的视野。对于工作和职业秩序的重新评估是否能保留下来，并产生更持久的影响，我们拭目以待。疫情也使人们对友谊和家庭关系的价值进行了集体性的重新思考。

巴拓识：以霍耐特先生的承认理论的视角来看，新冠肺炎疫情全球肆虐使人们清楚地认识到，我们实际上处于一个不可分割的全球化统一体中，但各国历史、人文、政治和经济等不可避免的差异性导致全球一体化内部存在多样性。基于这种对全球化的辩证理解，霍耐特先生认为，医疗行业在社会上获得的尊重和认可度明显不如工业或其他服务性行业高。这一批判也是针对资本主义的批判。霍耐特先生的社会哲学主张，实现社会成员的幸福才是最高的善，其中公正分配社会资源和经济利益只是前提条件，法律、道德和社会各方的承认也非常重要。

薛晓源：霍耐特先生，您是承认理论的集大成者，大多数著作已经被翻译成中文，成为汉语世界进行当下哲学思考和现实观照的参照。我们可否从承认理论的原点出发进行追问：在新冠肺炎疫情全球肆虐的今天，我们应该优先承认什么？

霍耐特： 从乐观的角度看，我希望这场流行病能够引发对社会工作承认关系的重新评估，从之前片面赞赏单一的所谓生产性活动，转向更多承认所有关注我们身体健康的医疗行业。如果我把这种乐观的期待进行转移，那我也希望能够看到国家之间的承认关系发生变化。许多国家普遍存在着相互不信任和猜忌，这场疫情危机如果能向好的方向发展的话，也会让各个国家学会把自己看作是全球命运共同体的一员，从而在今后更加强调国家之间的合作而不是竞争。但是，目前只有带着充满希望的信心才能让我相信，这种社会和国际承认关系的转变会因疫情而真正发生。

巴拓识： 成为完美的人类和构建持久的世界和平的理想促使我们不断去尝试实现一个更美好的未来。在 21 世纪，我们必须彻底去重新思考，如何实现人类的普遍承认。霍耐特先生呼吁各国加强合作而不是竞争，把爱、友谊和相互团结作为人类最高的道德标准以及国际社会的核心价值。只有这样，我们才能在"全球命运共同体"的语境中建立可持续发展的幸福社会。这与习近平主席提出的"人类命运共同体"理念十分吻合。

保护个人生命优先于满足个人自由

薛晓源： 在当前新冠肺炎疫情的严峻形势下，自由与生命对个体、对社会、对民族、对国家乃至对世界、对人类，孰轻孰重、谁先谁后？在关乎生命的严峻关头，这是不得不进行深入思考和进行抉择的大事。您对此怎么看？

霍耐特： 这个问题实际上是当前一个非常核心的问题。我有一个明确、不可动摇的信念，这也许会让人，特别是那些认为我是一名自由理论者的人感到惊讶：无论自由在一个国家的法律中是如何被规定的，我们只有在身体不受伤害的前提下，并且尽可能在个人拥有健康身体的基础上，才可以行使和享受我们的自由。因此我认为，保护个人生命优先于满足个人自由。当然，这种优先并不意味着国家为了保护人身安全，可以随意限制人的基本自由，任何一种这样的限制都需要公开证明其正当性。原则上，必须要以明确和令人信服的方式向所有公民说明所采取的措施是为了保护生命，以及为什么需要限制某些法律保障的自由。因此，对保护生命的优先选择，和对限制我们受法律保障的自由的每一项措施进行公开和普遍可理解的解释，它们之间是相关联的。

薛晓源：您在《不确定性之痛——黑格尔法哲学的再现实化》中说："比如在友谊和爱中，就具有这种自由。在这里，人并不是片面地囿于自身之中，而是在与他者的关联中乐于限制自身，并在这种作为自我所进行的限制中而知道自己。"我觉得您的思想有两种意蕴：自我与他者的关系，自由与限制的关系，能否请您详细进行解读？

霍耐特：是的，您说得非常对。这很可能是两个不同的思想步骤。首先，人们必须认识到，自由总是意味着服从一定的规范，否则我们只会被具有因果效应的冲动或力量所控制——这就是卢梭的伟大见解，康德随后对这一见解进行了进一步的加工，他得出结论：我们只有在服从道德法则或实践理性而对自己的行为进行自我限制时，才是真正自由的。然后，黑格尔在此基础上又进一步认为，这种道德法则就是为了我们自身的行动意图而获取所有其他相关者的同意。由此就诞生了这样一种理念：当我们与他人处于相互承认的关系中时，我们是自由的。这就意味着，双方都要共同服从彼此都认为是正确的规范。在此，自由意味着限制自己的意图，在与他人的关系中相互去服从共同确认的正确规范，从而同时对等地承认自己是平等和自由的存在。

巴拓识：中国哲学家王阳明早已提出了"良知"的思想，正是针对这种人与人、人与社会之间的共同责任与承认的问题。在新冠肺炎疫情时期，有人将自由与自私自利混为一谈，在一些国家，有人把不戴口罩等同于"自由"。这当然是完全错误的，因为不戴口罩不仅让自己，也让他人陷入危险境地之中。真正的自由不是想做什么就做什么，一个人只有在法律上和道德责任心上承认他人也是平等的主体时，自己才是自由的。如果有人拒绝戴口罩，他就剥夺了他人的生命自由，也失去了自己的自由。从更大范围来看，如果社会或国家结构因流行病而崩溃，那就没有任何东西可以保证任何人的自由了。所以说，通过戴口罩来保护自己和他人不受病毒侵害，我们实际上保护了自己与他人的自由，也保护了我们身处的社会，甚至世界各国的共同安全。当然，正如霍耐特先生所说，在实施与流行病有关的行为限制措施时，应该对公众明示相应的理由。对于新冠病毒带来的严峻问题，不同国家的人都应该进行讨论与反思：如何为地球上每一个人的利益而采取负责任的行动，如何让越来越多的人学会成为负责任的主体。这不仅在消除疫情，在解决其他全球性问题上也将大有裨益。

团结合作的社会自由是个人自由的最高形式

薛晓源：我们还注意到，您区分了自由的三种形式：消极自由、选择自由、交往自由。您在《自由的权利》一书中把它们分别称为法定自由、道德自由和社会自由。能否请您阐释为什么这样划分自由的样式？它们的内涵与边界是什么？为什么要对其重新进行形式命名？您的理论构建对深受疫情之痛的人们有怎样的解释力和现实性？

霍耐特：我想尽可能简单地回答您这个问题。当我把约定俗成的所谓"消极自由"翻译成"法律自由"时，我追随了黑格尔的思想，他认为这种形式的自由的特殊性在于，我们被允许做一切不侵犯法律所规定的所有其他人的自由的事情——这就意味着，我们被允许做一切法律范围内允许的事情，而不用考虑任何社会性关联，我们完全置身于被设定的"个人"主体中。而"道德自由"对他人的考虑程度已经被提高了，因为它要求我们控制自己的行为，关注这些行为是否符合从孤立思考中得到的原则，也就是为所有人服务，从而促进普遍利益的原则。虽然这已经包括了所有其他主体在实现个人自由过程中的利益和关切，但这些其他主体仍然是完全抽象的实体，还不具备社会现实性，因此对"我"并没有什么具体的要求。而"社会自由"是个人自由的最高形式，比您所说的"交往自由"更胜一筹，它不是指原则上能与他人结交的自由，而是指在可能的情况下，把我的目标与他人的具体目标定位在一起，使我们只有在合作中才能共同实现这些目标——友谊也许是最好的例子，还有人们每一次积极的合作。这种形式的自由根本无法在法律上以适当的方式被表述出来，因为它依赖于对体制关系的让步，我们只有在与其他人有互补目标的情况下才能实现我们的目标，就像友谊一样，就像每一个政治运动或公众的民主决策一样。

巴拓识：霍耐特先生这是从黑格尔法哲学制定的理论要素出发。在黑格尔看来，个人自由有两种基本形式：自愿承认他人作为与我平等的法律个人的法律地位和自愿承认他人作为与我平等的道德行为主体。如果我根据法律的要求，在新冠肺炎疫情期间戴上口罩，就等于承认了他人对自己健康身体的权利，因为我不能损害对方的身体健康。而即使没有法律要求我这样做，我也在有感染风险的情况下自愿戴上口罩时，我就行使了道德自由。

霍耐特先生提出的社会自由体现在行动上，即每个人都为了别人的利益而行使自己的自由意志。这种社会自由可以体现在人们在健康问题上与残疾人、老年人的团结，在更广泛意义上也可以体现在所有人相互之间的责任心。我们在友谊与爱中承认他人，通过体验家庭中的爱与关怀学会为他人负责任。由此而产生的人与人的团结，是让整个社会得以持续发展的根本因素。黑格尔把社会单方面地曲解为纯粹的竞争性社会。而霍耐特先生对社会自由的思考则更进一步，你把黑格尔希望只局限在朋友和家庭成员之间的社会品质放大到了整个社会空间中。在此不得不提到，这种社会自由的思想与王阳明的理念有共同之处。更进一步说，不仅在一个国家的各个社会层面上，在不同国家政府的合作中，都需要实践这样的社会自由，才有可能在世界范围内实现美好的人类共同未来的理念。

不要"物化"和遗忘疫情带来的一切苦难

薛晓源：我们在《物化——承认理论探析》中解读到您的承认理论的深层蕴含：承认先于认识，承认自然、承认未知之自我、承认遗忘。可否用这样的思想认识去认知、分析和探究疫情的起源和蔓延？人们怎样认知疫情才是一个理性的客观态度？

霍耐特："物化"这个概念是我参考他人提出的，但做了一点改动。"物化"指的是一种现象，这种现象当然不是很普遍，但在社会上产生的影响却非常强烈。它是一种人的行为，是指在别人，甚至在自己身上都无法被感知到的真正人性的东西——这里的人性的东西是指能够感受到痛苦的能力，以及会受到伤害的主观核心，最后把别人和自己都只当作一个"物"来看，当作一个可以被任意操纵、在精神上已经消亡的对象来看待。在我的印象中，这样的"物化"行为通常是由于人们在一个较长的时间里不得不重复某种行为，从而忘记了他人或自身，以及一切最为敏感的生命的主观核心。因此，我认为"物化"是一种被迫对承认的"遗忘",而我们对待他人以及对我们自己的"正常"态度,应该是承认人共同具有的脆弱性和敏感性。这可以非常贴切地解释某些完全违背正常的人际关系的极端情况,例如纳粹集中营用几乎工业化的手段杀戮完全无辜的儿童。

巴拓识:也许可以补充一点,对承认的"遗忘"并不总是直接由枯燥、重复的行为造成的,它也可能悄然而至,因为人们没有去直接感受他人正在遭受的痛苦。在当今社会,无论是在有疫情的国家,还是在其他饱受战争折磨的地方,人永远都不应该只被"物化",被看成统计数据中冰冷的数字。千百万个人与家庭,他们遭受的苦难绝不能被物化而消失在数字的背后,被人遗忘。那些宣扬群体免疫的国家,他们如此公开地"物化"了那些老弱病残公民,实在是令人震惊。因此,在成功遏制疫情后,我们应该注意,不要去"物化"和遗忘新冠肺炎疫情给我们带来的一切苦难。

薛晓源:在后疫情时代应如何建构人与人之间、人与社会之间、人与国家之间、国与国之间的自信、自尊和自豪的关系?

霍耐特:在一开始,我已经间接回答了这个问题。我想,目前的危机可能带来的最幸运情况是,它让我们意识到我们对很多承认关系的深刻依赖,而因为专注于奔波忙碌的生活和经济生产,我们往往容易忽视这些关系。首先,面对身体的痛苦、疾病的威胁和即将到来的死亡,我们意识到,友谊和家庭的亲密关系是我们的避难所。在那里,我们可以在不被暴露和贬低的保护中,去表达我们的恐惧,并且希望获得充满爱的支持和安慰。只有在那里,在友情和家庭的私密庇护下,我们才能面对自己生命的脆弱,而不会在孤独中独自面对死亡。如果我们是公民社会的成员,那么我们平等地相互尊重,并为更公平的关系而共同奋斗。这将会带给我们勇气和希望,使我们能够在当前的危机中通过团结的力量做出一些改变。例如,促使国家更坚定地承诺建立一个尽可能免费、设备齐全的医疗体系。在最好的情况下，这场大流行病还会使我们意识到，我们要依靠所有国家之间的合作，来应对我们这个时代的巨大挑战。每个人早已潜在地通过无形的承认关系与这个地球上的其他人联合在一起，正如曾经强调过的那样，我们今天都属于这个伟大的"人类大家庭"，因为我们无论地位和等级，都受到同样的全球性灾难的威胁。但是，如果您问我，这个危机现在是否会很快导致意识的转变，我们是否会突然学会看清自己对这些承认关系的依赖，我还并不是十分乐观。

承认生命的价值与尊严是构建人类命运共同体的必经之路

薛晓源：霍耐特先生，您提出："社会承认关系的质量应该构成社会正义构想的立足点"，您还认为，黑格尔的正义理论是与疾病治疗的思想联系在一起的，这种疾病的诊断和治疗具有社会批判的功能。在当今国际社会，在这个疾病丛生的时代里，如何从承认理论出发，实现社会正义？

霍耐特：至今仍然盛行一种看法，认为正义包括尽可能公平、平等地去分配某些"基本商品"。这种想法具有误导性，因为"不公正"通常不是由于资源分配不均造成的，而是由于对自由的侵犯和对要求公正和要求尊重对待的漠视。如果我们从这种"关联性"的意义上去理解正义，把重点放在主体之间的关系上，那么我们很快就会明白，正义主要是要建立这样一种社会条件，即每个人，不论是女人还是男人、不论有无宗教信仰、不论是黑人还是白人，都能自主地塑造自己的生活，在不同的社会领域中得到平等的尊重，并相应地能够平等地参与这些领域的建设，而不受限制或强制。根据社会形势、历史状况和文化条件的不同，将个人从强制、依赖和歧视中解放出来，并让他们能够平等地参与其生活空间的建设，所需要的措施会发生相应的变化。所以，在不同的历史时刻，正义要求的是什么，不能从哲学的制高点来确定。相反，哲学必须使自己成为那些具体遭受不平等待遇和无视的人们的代理者和代言人，通过概念的方式帮助这些人阐明需求，然后通过理论的想象力找到改善措施的关键。

巴拓识：霍耐特先生谈了自己的正义理论。但我们不能忘记，一些发展中国家还存在贫困问题。毕竟，首先必须要有一定数量的社会财富，然后才能建立霍耐特先生描述的那种在基于承认建立起来的社会组织中的公平分配。在此，我必须第三次提及王阳明。他提出了"致良知"的实践指导。在每一次人与人的接触中，我们都必须有意识地练习去尊重和承认他人。从家庭成员之间的尊重和承认，到社会层面的道德自由，再到人类命运共同体的社会自由，我们必须时刻认识到，在地球家园中，所有人和所有生命体都构成一个有机的整体，承认生命的价值与尊严是构建人类命运共同体的必经之路。

解决共同问题是人类命运共同体的责任和价值

2021 年 8 月 16 日

陆克文◎美国亚洲协会会长，澳大利亚前总理。

肖连兵◎光明日报社国际交流合作与传播中心秘书长。

未来中美关系需是"有管控的战略竞争"

肖连兵：尊敬的陆克文先生，作为美国亚洲协会第八任会长，请您介绍一下协会的相关情况。

陆克文：美国亚洲协会由洛克菲勒三世于 1956 年出资筹建，是一个全球的综合性非政府、非营利、非党派组织，目前在全球有 13 个分中心和办公室。协会一直努力促进亚洲和世界的联系、交流与合作，我是第一个当选为会长的"老外"。我给协会确定的新使命是：探索共享的未来。这里的未来是复数，因为未来的秩序是多元的。协会与中国有着广泛、长久且深入的交流，不少中国的老朋友们在过去几十年里都是协会的常客。2020 年 12 月，中国国务委员兼外长王毅在北京同美国亚洲协会举行了视频交流。

肖连兵：作为美国亚洲协会会长，您对中美关系的未来发展有何看法？

陆克文：今年 2 月，我在《外交事务》杂志上发表了署名文章《打不起的战争——如何避免中美冲突的灾难》，在中美两国和世界范围内引起了广泛反响。

如今，华盛顿和北京在很多问题上意见相左，但至少在一件事情上他们的看法是一致的：21世纪20年代，两国之间的竞争将进入一个决定性阶段。这将是险中求生的10年。无论双方采取何种战略，无论事态如何发展，中美战略竞争的激烈化已不可避免。不过，战争是可以避免的。两国仍有可能设置预防战争灾难发生的防护栏，我称之为"有管控的战略竞争"联合框架，这个框架旨在降低国家间的竞争升级为公开冲突的风险。

到这个10年结束时，中国GDP将最终超越美国，成为全球最大经济体，中国共产党对此越来越有信心。西方精英可能会忽视这一里程碑事件的重要性，但中国共产党不会。对中国来说，经济规模从来都有着举足轻重的地位。中国经济成为世界第一，将使北京更有信心和决心，也会让中国在与美国政府谈判时更具优势。与此同时，中国在其他方面也在继续前进。中国政府2020年秋季公布的《2021—2035年国家中长期科技发展规划》，旨在让中国在2035年成为包括人工智能在内的创新科技领域的领先者。北京目前还在加快国防和军队现代化。这些都是中美关系中至关重要的因素。

肖连兵：您怎样看待当前的中美关系？

陆克文：美国方面必须尽快决定如何回应北京。如果美国选择与中国进行经济脱钩、公开对抗，世界各国都将被迫选边站队，紧张局势升级的风险将会更大。一些决策者和专家对于华盛顿和北京能否避免这种结果持怀疑态度，这是可以理解的。两国需要考虑找到有效的框架，在预先商定的范围内管理他们的外交关系、军事行动和网络活动，以最大限度地保持关系稳定，避免冲突意外升级，并为两国关系中的竞争与合作留出空间。

"有管控的战略竞争"将对中美双方的安全政策和行为设立严格限制，但允许双方在外交、经济等领域进行全面和公开的竞争。这也将让华盛顿和北京能够通过双边协议和多边论坛在某些领域开展合作。尽管这种管控框架很难构建，但这种方式仍然是可行的，尤其是在其他选择很可能产生灾难性后果的情况下。"有管控的战略竞争"的概念基于对全球秩序的思考，具有深刻的现实主义特色。竞争双方共同制定有限的规则，降低双方的根本性风险，防止战争。在共同规则内，双方均全力参与所有政策和领域的竞争。但如果任何一方违反共同规则，则约定终止，丛林法则的所有危险和不确定将会出现。

建立上述框架的第一步是，确定双方必须立即采取的几项措施，以开展实质性对话，制定双方必须遵守的硬性限制条件。例如，双方均不得以关键基础设施为目标，进行网络攻击。华盛顿必须继续严格遵守"一个中国"政策，尤其是要结束特朗普政府时期挑衅性且不必要的对台北的高层访问。在南海，美国及其盟友要减少其行动次数。而北京方面也会采取一些相应的行动。即便双方就这些规定达成一致，但是各方也得接受另一方仍会努力在不超过限制的情况下最大化自身优势的做法。比如，在外商投资市场、技术市场、资本市场和货币市场，他们仍是竞争对手。

肖连兵：在后疫情时代，中美之间还有哪些合作的空间？

陆克文：虽然中美两国之间的竞争不断加剧，但双方在某些关键领域仍有合作的空间，以及合作的必要性。除合作应对气候变化外，中美两国还可以在朝鲜核问题和伊朗核协议方面进行合作；可以在印太地区采取一系列建立信任的措施，如协调应对灾难和完成人道主义任务；可以合作提升全球金融稳定，特别是同意重新安排受疫情严重影响的发展中国家的债务；还可以共同建立一个更好的系统，在各发展中国家分销新冠疫苗。当然，双方可以合作的领域远不止于此。

所有合作项目背后的战略依据都是一样的：对于中美两国来说，在"有管控的战略竞争"共同框架内运作，一定比完全没有规则要好。

该框架需要由两国领导人指定的高层代表进行谈判，只有这种直接高层对话才能就双方均须遵守的硬性限制条件达成共识。一旦发生违规，将由上述人士负责联络事宜，并负责处理违规事件造成的后果。

随着时间的推移，双方或许能建立起最低程度的战略信任。双方也可能会发现，持续合作应对共同面临的全球问题（如应对气候变化）所带来的好处，开始影响两国关系中其他竞争更激烈甚至有冲突的方面。

也许有人会认为这是异想天开。我只能邀请这些人提出更好的方案。目前，中美两国均在摸索、尝试，看看能否找到一种模式，在接下来危险的 10 年里管理两国关系。除非两国就上述管控达成基本协定，否则两国关系将会不可控。

肖连兵：衡量"有管控的战略竞争"有效性的标准是什么？

陆克文：如果到 2030 年，中美两国仍未在台湾问题上发生军事危机或冲突，或者未发生实质的破坏性强大的网络攻击，这就是一个成功的标志。如果中美两国达成协定，禁止发动各种形式的机器人战争，如果中美两国立即携手采取行动，配合世界卫生组织，防止下一波疫情出现，这些都是明确成功的标志。但最重要的成功标志或许是，中美两国在充满活力的开放市场上竞争，努力争取全球支持各自制度提供的思想、价值观和问题解决方法。孰优孰劣，我们拭目以待。

"有管控的战略竞争"将突显这两个大国的优势，同时考验两者的劣势。竞争的中文，来自《庄子》中的"并逐为竞，对辩为争"。中美在进行双边竞争，在进行多边竞争，这会是新常态。关键是，大家一起设定竞争的规则，然后在共同的规则里公平竞争，制度更优者胜。

应对气候变化,世界欠中国一个感谢

肖连兵:您提到中美合作应对气候变化,我们也看到中美在上海的相关联合声明。

陆克文:在清华大学 110 年校庆期间,我受中国气候变化事务特使解振华先生的邀请,在清华气候大讲堂发表了演讲,题目就是《至关重要的中美合作应对气候变化》。中国近期希望在全球气候行动中发挥领导作用的愿景,可以追溯到 2014 年,习近平主席与奥巴马总统就气候变化问题发表了具有里程碑意义的联合声明。从那时起,中国就表现出在世界舞台上展示自己气候成就的坚定决心,而应对气候变化也越来越成为中国国际形象的一个重要亮点。

习近平主席 2020 年 9 月在第七十五届联合国大会一般性辩论上的讲话中宣布,中国努力争取 2060 年前实现碳中和,标志着又一个全新的里程碑。中国通过这一宣示向世界表明,它已不再满足于成为国际应对气候行动的参与者。在北京眼中,中国在应对气候变化领域的领导力已如开弓之箭。换言之,无论包括美国在内的其他国家采取何种措施,应对气候问题都是中国的优先目标。这标志着围绕中国应对气候问题领导力的地缘政治格局进入了一个重要的新时代。

肖连兵:您如何评价中国提出的"生态文明"?

陆克文:习近平主席将其纳入中国共产党的核心词汇库,并使其成为"五位一体"总体布局的一大支柱。人们注意到,这与西方传统的环保主义概念是有所区分的。在生态文明理念中,环境保护与经济发展是协调统一的。习近平在担任浙江省委书记时就指出环境保护对经济增长的重要性。

到目前为止,国内形势和需求一直是中国环境保护稳步向前发展的核心驱动因素。2015 年和 2016 年,中国展开了密集的生态环境改革工作，包括把生态文明理念写入"十三五"规划，并将其与"中国梦"和"两个一百年"奋斗目标对接。中国多次强调，应对气候变化不是别人要我们做，而是我们自己要做，是中国可持续发展的内在需要，也是推动构建人类命运共同体的责任担当。中国的生态文明愿景也是中国在2015年提交的国家自主贡献方案中的核心思想，这是中国在《巴黎协定》下作出的第一个承诺。这有助于说明，为什么就在以退出《巴黎协定》为纲领当选美国总统的特朗普就职前几天，习近平主席在达沃斯世界经济论坛发表重要讲话，释放出中国将坚定支持《巴黎协定》的信号。习近平主席当时的表态，意义不容小觑。如果中国针锋相对选择利用特朗普当年6月正式退出《巴黎协定》的契机，在气候义务上混淆视听，甚至同样寻求完全退出《巴黎协定》，那么《巴黎协定》不可能像今天一样完整。为此，世界欠中国一个感谢。

成为应对气候问题领导者是中国的国际机遇

肖连兵：您对中国提出2060年前实现碳中和有什么见解？

陆克文：世界进入了中国具有应对气候变化领导力的新时代。习近平主席在2020年9月宣布，努力争取2060年前实现碳中和。自2014年11月与奥巴马总统达成联合声明和2017年1月达沃斯重要演讲以来，这一宣示是习近平主席关于气候变化问题最重要的一次讲话。

中国现在面临的挑战，是面对国际社会如何达到其为自己设定的新的气候标准。换句话说，中国将越来越与美国、欧盟和日本等主要经济体一起接受评判。对中国来说，尤其要考虑到更广泛的双边关系所面临的挑战，这意味着与美国合作，重建在奥巴马政府时期建立的气候变化合作关系，符合中美两国的利益，而拜登总统以及他任命的总统气候问题特使克里在创建这一关系中发挥了关键作用。这是因为，从拜登总统的角度来看，如果不推动中国作出更多的努力，任何应对气候变化的尝试本质上都是有局限性的。而从北京的角度来看，合作关系将有助于打消美国试图迫使中国做出更多让步的念头，包括针对中国国内煤炭使用和"一带一路"倡议方面的动作，以及可能实施的边境碳税政策等。通过一个新的、包含有针对性互惠措施的"可管控的战略竞争"，在中美两国整体关系仍然紧张的情况下，应对气候变化合作可以实现。事实上，应对气候变化可以有效防止全面"脱钩"的局面，并为中美及中国与其他西方国家搭建合作的桥梁。这要求中国采取一套高度成熟的战略。

肖连兵：您对国际社会应对气候变化所做努力的前景如何看？

陆克文：理想的情况是，中国、美国、欧盟以及其他 G7 经济体一道承诺在预期内达到目标。很少有像中国政府这样愿意开展有效和集中的长期规划。2049 年中华人民共和国成立 100 周年的庆祝活动为北京提供了一个合适的时间节点。纪念《巴黎协定》5 周年为中国提供了进一步展现中国立场的绝佳机会，中国可以利用这个机会，将其长期低碳发展战略正式交存联合国气候变化框架公约。

中国还要准备好在短期内完成更多的减排工作，包括在 2022 年联合国格拉斯哥气候大会召开前提交新的国家自主贡献方案。当然，中国碳中和愿景的实现，在很大程度上将更直接取决于中国当前应对新冠肺炎疫情所采取的经济措施。中国应对气候变化的决策，将日益被放到与美国以及其他国家同等的背景之下进行评判。在未来一段时间内，围绕 2030 年国家自主贡献方案，以及如何落实碳中和愿景，中国所作的决定将是最清晰的指标。

中国为推动应对气候变化议题所做出的努力和成效有目共睹。中国是否能成为应对气候变化的全球领导者，将是中国的一个关键的国际机遇，也是符合中国国家利益的一个历史机遇。一个更加具有雄心的低碳目标，将能够提升中国经济、改善中国环境，并更有效地加强中国的能源安全。

人类命运共同体理念体现了世界主义精神

肖连兵：您目前在研究什么课题？

陆克文：不瞒您说，我正在牛津大学读博士，论文的题目是习近平的世界观，主要希望理解中国对于未来世界秩序的设想，以及未来世界秩序发展的可能方向。

肖连兵：构建人类命运共同体是习近平外交思想的重大理念，您对此有什么见解？

陆克文：我于2017年在上海参加第七届世界中国学论坛的时候，就开始研究和解读这个题目。当时我说，人类命运共同体不是一种遥远的理想主义，这里面体现了中国的远见和长期主义思维，关切全球共同利益及共同价值，并以此为基础来改善现有的国际秩序。过去几年我们看到，民粹主义在世界范围内兴起，成为当下国际政治和政策的主要推力之一。特朗普时期愚蠢的贸易战、贸易保护主义就是一个例证。人类命运共同体理念对全球秩序的愿景，体现了世界主义的精神。

我们谈到的应对气候变化，还有我们正在经历的新冠肺炎疫情，包括我们可能会再次面对的全球经济和债务危机，这些都超越国界，需要全世界联合起来，一起努力解决这些我们共同面对的问题。解决好这些问题，是人类命运共同体的责任，也是人类命运共同体的价值。

肖连兵：欣闻您的新书《不畏》已在中国出版，您写这本记录您生涯的书，出发点是什么？

陆克文：这是我写给中国青年的书，希望鼓励中国的青年做更好的自己，为国家和世界作出自己的贡献。这本书是一封鼓励信，写给那些未来可能考虑投身公共服务事业，却又对自己的信仰、能力和公共服务意识不那么确信的人们。这本书希望提供一个认识自我、知行合一的思维框架与行动指南：从审视你的价值，到探索你的爱好，再到寻找和实现你的人生使命。这本书也讲述了一个农民的孩子如何一步步成长为澳大利亚国家总理的故事。这里面有颠沛，有背叛，有无助；也有笃定，有真爱，还有无畏的精神。你们可能知道，因为听了妈妈的话，我自幼学习中文，学习中国历史、中国文化，后来成为驻华使馆的外交官、商业咨询顾问、省政府秘书长、国会议员、外交部长、国家总理，现在是一位"老干部"和国际公民。一路走来，中国一直是我人生的一条主线。

肖连兵：您写此书与您在中国的经历有关，请谈谈这方面的情况。

陆克文：我第一次到中国是在1984年。后来，我还去上海做了一段时间的代理总领事。记得我第一次与汪道涵市长见面，是在上海大厦餐叙。汪市长说，上海的改革开放已经落后全国。他告诉我们，邓小平很想看到上海的发展，他还请我们"国际友人"多多帮助上海的发展。5年后，我再回到上海的时候，朱镕基市长宴请我们。在宴会上，上海市政府宣布要成立浦东经济开发区。当时我们看窗外，黄浦江对岸什么都没有。我当时想，他肯定在做梦！今天再看浦东，只用了30年，这个"中国梦"已经实现了。

后来到中国的时候，我看到北京举办奥运会，上海举办世博会，杭州举办G20峰会。我在成都看到绿色能源企业的可持续发展，在广州看到创新的生态设计小镇，在深圳看到世界级的科技中心，也在重庆、武汉、西安、昆明、贵阳、福州等地，看到中国经济继续发展的潜力。我看到，中国的经济总量世界第二，中国贸易额世界第一，人民币也开始成为国际货币，中国经济对世界的贡献和影响越来越大。

我看到，环境保护和应对气候变化成为越来越重要的议题。我看到，社会公平和可持续发展成为越来越主流的看法。中国还提出了"一带一路"倡议，成立了亚投行。中国对于联合国和国际多边机构的支持越来越大，对国际社会承担的责任越来越大，对地区和全球治理的影响也越来越大。

与此同时，新的技术革命很有可能重塑社会经济契约，新的地缘政治很有可能重塑国际秩序格局。这个过程可能会持续一代人的时间，而一个崛起的中国正处在这一切的中心。所以我一直认为，中国需要了解世界的年青一代，这有助于中国走向世界舞台中心；世界需要了解中国的年青一代，这有助于共建人类命运共同体。中国年青一代是中国的未来，也是世界的未来，所以我要写这本书给中国的青年。

共同发展——通往新的充满力量的世界

2021 年 10 月 8 日

马尔西奥·波赫曼◎（Marcio Pochmann）巴西卢拉研究所所长。

郭存海◎中国社会科学院习近平新时代中国特色社会主义思想研究中心特约研究员，拉丁美洲研究所社会文化研究室主任。

肖连兵◎光明日报社国际交流合作与传播中心秘书长。

放弃合作是严重的"颓废战略信号"

肖连兵：尊敬的波赫曼先生、郭存海先生，你们怎样评判疫情对全球的影响，特别是对巴西和拉美地区的冲击？

波赫曼：全球很多国家都面临脆弱性问题，疫情在某种程度上加剧了这些国家的脆弱性。对大多数拉美国家来说，当然，除了少数几个国家，这场世界范围的健康危机最终进一步影响了国际分工内部的新采掘主义的走向。所有这一切都不利于这些国家经济活力的恢复，相反使其变得更加复杂。有数据表明，无论是在技术还是在社会和环境方面都多少受到了影响。在此要说明的是，与其他拉美国家相比，巴西拥有得天独厚的发展潜力。例如，在环境多样性方面，仅所属巴西的亚马孙地区，其淡水资源就占世界地表所有可用淡水的 10%，热带雨林面积占地球总量的 20%，这也使其能够吸收全球二氧化碳排放总量的 15%，相当于欧洲化石燃料总排放量的 50%。众所周知，地球环境的可持续性已逐渐成为通往 21 世纪社会公正和先进技术发展的新通行证,这也为疫情后巴西以及其他拉美国家提供了一个共同建设更美好未来的机会。

郭存海: 突如其来的新冠肺炎疫情给整个人类社会都带来了深刻的影响。由于财政和医疗资源的限制,发展中国家受情影响更为严重。疫情终结了巴西连续三年的经济增长势头,2020年国内生产总值下降了4.1%,是30年来巴西经济年度最大降幅。疫情还冲击了巴西的物价、就业和制造业。就整个地区来看,拉美可谓全球新冠肺炎疫情的重灾区。目前,虽然疫苗接种计划缓解了疫情的蔓延,但随着变异病毒在拉美多国肆虐,该地区的疫情防控形势依然不容乐观。不唯如此,疫情在带来物质挑战的同时,也引发了拉美社会的反思和对未来改变的思考:新冠病毒肆虐充分暴露出拉美数字基础设施的缺乏,亟待加快发展数字经济,以应对后疫情时代经济增长的挑战。

肖连兵: 对世界各国在这次抗疫中的表现,你们如何理解其中的差异与共性?

波赫曼: 2020年以来,新冠病毒持续在全球蔓延,这场抗击疫情的国际斗争,要求全世界一起应对共同的敌人。然而,并没有一个明确的有组织的"中央指挥部"带领人民抗疫,尤其是为那些资源较少的国家提供一些对抗疫情的可能性。很多国家都暴露出弱点,这些弱点以及疫情中一些较富裕国家的隔离措施都能证明中国的应对创举是成功的。就巴西而言,联邦政府的做法让巴西面临一系列的内外部危机,甚至可能会影响和中国的更多合作。而中国采取的很多行动符合捍卫公共健康和全球治理一致性的最基本原则。新冠病毒本应用技术方式处理,合作方式对待,结果却不断被政治化。放弃合作的基本原则是非常严重的颓废战略信号。面对人类社会的共同敌人,中国的立场是积极的,肯定了多边主义的全球治理模式。期望巴西能很快加入这一伟大的努力,共同建设一个更美好的世界。

郭存海：面对新冠肺炎疫情，世界各国从自身实际情况出发实施了不同的应对政策。疫情在拉美地区暴发相对较晚，多数拉美国家早期采取了比较积极的应对措施，比如推行严格的社交隔离政策，取得了明显成效。然而，由此产生的高执行成本和拉美经济的非正规性给社交隔离措施的持续推行带来极大挑战，导致一些国家放松强制政策，一些国家甚至出现了大规模示威抗议。这些不利因素在相当程度上限制了科学抗疫政策的有效实施。纵观各国抗疫政策，可以看到一个共同的规律：凡以科学和团结态度坚持抗疫的国家，在一定程度上都遏制了疫情的蔓延；凡将新冠病毒政治化，甚至拿人民的生命开玩笑，无法形成抗疫共识的国家，其政策往往没有连续性，出现前功尽弃的局面。

肖连兵：你们如何看待全球抗疫中的国家治理因素，以及后疫情时代的国家治理方向？

波赫曼：我认为，无论是在国家决策层面，还是在遏制疫情传播的预警机制规范化方面，中国的成功做法已经成为各个国家的典范。中国的国家治理模式是基于其国情、自身特点和外部国际大环境而形成的；值得一提的还有中国的外交行动及其日益增强的国际影响力，这些都有效地促进了中国这个人口大国及其人民的发展，使其拥有自身的发展特点。在新自由主义带来的全球逆境中，在面对世界性挑战的大背景下，习近平主席的治国理政经验备受瞩目。这是因为面对新冠肺炎疫情的严重影响，急需一场深刻的技术变革，由此也需要在增强民主、推动可持续发展、提高全体人民社会福利标准，以及保障全体劳动者充分就业之间保持平衡。

郭存海：新冠肺炎疫情可以说是各国国家治理能力的试金石，显现出各国应对突发重大公共卫生事件时的长短。虽然疫情尚未结束，但各国已经开始反思，以从这次公共危机中总结经验教训。展望后疫情时代，各国都应当致力于推进国家治理体系和国家治理能力现代化，这也将是国家治理的方向和趋势。这就意味着，国家治理更应注重公共服务的可及性和高质量供给，推动治理结构多元化，提高协同治理能力。这次重大公共卫生事件还暴露出一些发展中国家数字基础设施的落后和数字治理能力的缺乏。数字治理能力是国家治理能力现代化的应有之义。当前，面对不断变化和日益复杂的治理挑战，世界各国亟须加强文化交流和文明互鉴，特别是治国理政经验交流，以提高协同应对重大公共事件的能力。

共建"一带一路"使欧亚大陆呈现崛起之势

肖连兵：疫情暴发后，中国国家主席习近平多次面向国际社会倡导携手抗疫，推动构建人类命运共同体，你们对此有何见解？

波赫曼：对巴西感染和死亡率变化的跟踪数据显示，新冠病毒在非白人和贫困人口群体中的传播更为广泛。全球范围内都面临疫苗供应短缺问题，很大程度上暴露了全球私人寡头垄断问题，以及政府的政策问题。这些都使得良好的治疗获得途径被堵死，再次印证了自古以来就存在的不平等。这些具有普遍性和全球性的问题，需要一个整体性的应对。习近平主席提出的人类命运共同体理念从全球大局着眼，高瞻远瞩，非常受欢迎。

郭存海：新冠肺炎疫情在全球迅速蔓延并成为重大公共卫生事件，再次说明当今世界已经形成了一个利益高度融合、责任相互交织的命运共同体。这是全球化带来的新挑战、新课题，亟待以新思维予以应对。习近平主席适时提出了构建人类命运共同体的主张，在这一理念指导下，中国在疫情暴发后采取了全面、彻底和严格的防控举措，这既是对中国人民负责，也是对世界人民负责。中国在新冠肺炎疫情问题上始终保持信息透明开放，主动分享抗疫经验，合作研发抗病毒药物和疫苗，向其他国家和地区提供力所能及的援助，与世界各国共同见证人类命运共同体理念在抗疫中的彰显。要战胜新冠病毒，我们只有两件法宝，那就是科学和团结。新冠肺炎疫情是一个科学问题，需要秉持科学的方法和精神共同应对。

肖连兵：在你们看来，"一带一路"倡议将如何影响巴西和拉美地区，乃至整个人类社会？

波赫曼：世界正面临近250年来的重要变革，其活跃的中心正从西方转向东方。"一带一路"这一创举使欧亚大陆在全球范围内呈现崛起之势。与二战后的"马歇尔计划"不同，习近平主席的倡议可以促进巴西以及其他南美国家的和平与繁荣。因此，亚欧大陆的复兴是近250年来世界最主要的变革，东方成为一个为全球现代化提供动力的新的源头和中心。在如今这个新的多极世界中，一个强大的中国对大家所期待的良性平衡至关重要。从这个意义上说，疫情后很有必要进行一系列长期战略对话。

郭存海：中国真切地看到全球化时代，各国经济一荣俱荣，一损俱损，形成了一个休戚与共的命运共同体。人类命运共同体理念是习近平主席为解决全球性问题提供的中国方案，而"一带一路"倡议正是该方案的具体实践。"一带一路"倡议秉持的共商共建共享原则，以及和平合作、开放包容、互学互鉴、互利共赢的丝路精神都是人类命运共同体的具体体现。"一带一路"倡议将中国的发展和世界的发展有机地统一起来，以中国的发展实践、经验和智慧，助力广大发展中国家的发展，成为全球治理的重要构成和有益补充。

肖连兵：在后疫情时代，拉美国家的发展优势何在？又将面临哪些主要挑战？

波赫曼：新的数字时代的到来，取代了旧的农业时代和工业时代。

这提出了一个挑战，即在新的基础上，各国围绕人类发展挑战来更新政府观念和实践。一方面，大型私营跨国公司的权力影响了国与国之间的治理系统，这就要求在全球治理中有一个合理的规则；另一方面，技术的飞跃推动了新经济的发展，但是往往分布不均，有时会影响环境的可持续发展。正因如此，也正如中国在其"十四五"规划中所表明的那样，对于疫情后的世界，智能学习不再是疫情前"常态"的简单重复。对拉美国家来说，扩大具有更高附加值的生产链，能够创造活力以及新的可持续的环境财富，是实现本地区发展的重要因素。作为分别位于东西半球的两个最大的发展中经济体，不断加强巴中关系是未来实现南美地区和平繁荣愿景的基础。

郭存海：这次由新冠肺炎疫情引发的公共卫生危机暴露出拉美国家一系列的问题。经济结构单一和非正规就业突出是限制拉美国家经济和社会发展的历史绊脚石，而数字基础设施的缺乏构成了拉美国家未来向高质量发展转型的限制。迈向后疫情时代，拉美国家化"危"为"机"，需要有壮士断腕的勇气，下大力气优化经济结构，扩大正规就业和相关保护，提高公共服务的质量。其中，加强数字基础设施建设，重点发展绿色经济和数字经济是拉美国家甩掉历史包袱、实现"弯道超车"的关键。这既是后疫情时代拉美国家面临的主要挑战，也是其发挥后发优势的关键。不过，在推进国家治理能力现代化方面，拉美国家仍然有很长的路要走。公众对公共机构的高度不信任和各党派各社会组织在面临重大公共危机时缺乏共识，都暴露出国家治理能力的脆弱性。

"是时候加强和深化金砖国家的作用了"

肖连兵：卢拉研究所十分关注贫困、不平等、发展合作等问题，你们对中国在脱贫领域的努力和成效如何评价？

波赫曼： 前总统卢拉在他的两届任期里为巴西人民留下了很多遗产，在深化民主与经济增长和社会包容的独特内部结合，在解决诸如失业、饥饿、贫困和不平等等诸多历史问题上都取得了成功，得到了国际社会的认可。从所呈现的成果来看，中国治国理政方面的实践和经验，无论是其所反映的智慧还是其有效性都是非常令人敬佩的，当然，也获得了国际社会的广泛认可。除了市场的自发性之外，消除贫困的美好愿景还取决于政府追求目标的决心、国家计划的参与过程和结果的评估。卢拉研究所将努力加强与中国智库之间的关系，这有利于增进两国的互相了解和两国文化的相互传播，同时也给两国交流发展经验提供了平台，以克服现代社会的五大问题：资源稀缺、疾病、无知、苦难和懒惰。

郭存海： 一切对人民负责、为人民服务的政府，无不把摆脱贫困作为重要施政纲领。这正是为什么卢拉政府时期将"零饥饿计划"作为重要政策，而卢拉研究所也始终关注贫困、就业和不平等问题。在中国，自党的十八大以来，中央始终把脱贫攻坚摆在治国理政的突出位置，开展了声势浩大的脱贫攻坚"人民战争"。在8年时间里，党中央不断创新扶贫工作机制，提出了精准扶贫理念，创造了减贫治理的中国模式，取得了巨大成就。按照世界银行国际贫困标准，中国减贫人口占同期全球减贫人口70%以上，提前10年实现《联合国2030年可持续发展议程》减贫目标，为全球减贫事业作出了重大贡献。中国成功脱贫的世界意义不止于此。中国在实现自身减贫的同时，积极开展国际减贫合作，主动承担减贫国际责任，努力让各国人民共享发展成果。

肖连兵： 西方一些国家将中国的崛起视为威胁，你们如何看待这一论调及未来的国际秩序？

波赫曼： 冷战结束以来，世界仍未完全摆脱战争和冲突。1991年至2017年间，就发生了72次军事干预。2021年上半年，有近十个国家在遭受战争。当前的中国有着伟大的愿景，在期望建立一个经济繁荣、社会公平和环境可持续发展的世界的同时，还需要和平，因为和平与稳定是发展的基础。而进一步的公平发展也是解决冲突和两极分化的有效手段。我毫不怀疑，一个强大的中国，以及一个强大的巴西，会为世界和平作出巨大贡献。出于这个原因，我一直很看好像建立金砖国家合作机制等旨在实现共同强大并发展的倡议，这也有助于打造一个新的充满力量的世界。不过，这并不意味着削弱第二次世界大战后建立的那些多边国际治理机构。相反，我们更需要世界各国，特别是发展中国家共同维护当前的多边主义。加强以《联合国宪章》为基础的世界秩序比以往任何时候都更加重要。

郭存海： 长期以来，西方国家面对中国经济地位的提升，不断渲染"中国威胁论"。这完全是一种过时的冷战思维和零和博弈论调。与之相反，中国始终坚持走和平发展道路，并向世界庄严承诺：中国的发展不对任何国家构成威胁；中国无论发展到什么程度，永远不称霸，永远不搞扩张。在对外关系上，中国坚持国际关系民主化，坚持国家不分大小、强弱、贫富都是国际社会的平等成员，坚持世界的命运必须由各国人民共同掌握。这正是多边主义的要义。而维护和践行多边主义就要依法行事、照章办事。依"法"就是遵守国际法，照"章"就是遵从《联合国宪章》，如此才能保证稳定和公正的国际规则和国际秩序。而少数国家主张的所谓"基于规则的国际秩序"是彻头彻尾的"伪多边主义"，只会破坏多边机构的权威性和有效性。

肖连兵： 面向后疫情时代，你们对金砖国家合作机制有何思考？

波赫曼： 事实证明，决定建立金砖国家合作机制这个大胆倡议是极其正确的，它在寻求和实施所谓的"全球南方"的扩展上有大好前景。五国的融合和全方位合作,为很多国家的发展提供了可能性,也获得了很多成果。尽管目前可能会遇到一些困难和障碍,但现在是时候加强和深化金砖国家在后疫情世界中的作用了,也期待巴西和中国之间的关系得到进一步加强。卢拉研究所希望能够积极参与到与中国的合作项目中,并促进中巴关系的友好发展,以加强和深化金砖国家合作,应对全球发展挑战。

郭存海:金砖机制是南南合作机制的一大创新,是南南合作的领头羊,具有巨大的发展潜力。鉴于金砖国家的经济体量和影响力,金砖机制成为南南合作机制最重要和最具活力的构成,大大增强了发展中国家在全球治理体系中的话语和力量。作为金砖国家中经济体量最大的国家,中国提出的"金砖+"模式是一种合作机制创新,有利于扩大和深化南南合作。后疫情时代,作为发展中国家的领头羊,金砖国家更应加强团结和协作,特别是在科技创新、卫生健康、环境保护、扶贫减贫以及发展知识分享等领域。

肖连兵:应对气候变化是当前全球关注的一大问题,你们如何看待中巴两国在该领域的合作?

波赫曼:生态转型已经不再是研究森林的学者和原始森林社区人民的愿望,它已经逐渐成为各个国家发展的新前沿。当前的技术进步为生产系统重构过程打下了特殊的基础,使取得经济发展的新方式及其公平再分配与该过程相适应。此外,国际分工的重组使人民的美好生活摆脱了对破坏环境的新采掘主义的依赖,同时推进了能源矩阵与可持续生产和消费标准的进步,这些对新一代人来讲并不陌生。巴西与中国不仅是贸易合作伙伴,在应对全球气候挑战,如何进行治理等方面的合作也将会很有前景。巴西和中国在应对气候变化的很多方面都是合作伙伴。例如,我们都认为,那些最早开始工业革命的国家更需要参与这种生态转型的融资,而不仅仅是对世界的工业发展设置障碍，毕竟因为工业革命，他们造成的污染已经长达好几个世纪。同时，要认识到富裕国家普遍采用的生产和消费模式并不利于环境的可持续发展，他们需要建立一些促进社会公平发展和先进技术发展的项目。

郭存海：应对全球气候变化的巨大挑战需要各国共同参与，协同治理，最终形成有效的全球合作机制。多年来，中国一直是全球气候变化多边进程的积极参与者、坚定维护者和重要引领者。中国力争2030年前"碳达峰"、2060年前"碳中和"的郑重承诺，彰显了中国积极参与全球气候治理、推动构建人类命运共同体的责任担当。巴西作为具有巨大经济体量和全球影响力的发展中大国，在全球气候治理议程上同中国拥有共同话语和利益，两国无论在双边还是在"金砖五国"抑或"基础四国"等多边框架下，均就气候变化进程保持沟通，通过南南合作相互支持，坚定维护"公平、共同但有区别的责任和各自能力"等原则，捍卫发展中国家的团结和共同利益。

1921·1971·2021 国际秩序、人类命运与中国角色

2021 年 10 月 25 日

潘基文◎联合国第八任秘书长，现任博鳌亚洲论坛理事长、国际奥委会道德委员会主席、韩国延世大学教授。

金垣洙◎联合国原副秘书长、裁军事务高级代表，现任韩国智库"与时斋"院长。

姚遥◎外交学院国家软实力研究中心主任、中国公共关系协会政府公共关系委员会副主任。

从 1921 年到 1971 年再到 2021 年，三个时间点，两个五十年。沿着这条时间线，可以清晰地看见在一百年大变局中，国际秩序逐渐朝着公平正义的方向变迁与进化；与此同时，中国逐渐从积贫积弱走向独立自主，进而开启民族复兴的伟业，并在推动国际公平正义、护佑人类共同命运的历史进程中扮演着日益关键的国际角色。

1921 年中国共产党成立也是国际矛盾催化的"产物"

姚遥：今年是中国共产党成立 100 周年。中国共产党诞生于 1921 年，然而，溯源其所孕育的时代背景却不得不回到 1919 年。一战结束后，安排战后国际秩序的巴黎和会被英法美等西方国家主导，列强不顾中国人民的正义要求，把德国在中国山东的殖民特权转让给日本。

面对所谓"公理战胜强权"的虚伪之词，中国共产主义运动的先驱李大钊严厉批判"仗着自己的强力蹂躏他人欺压他人的主义"，认为"有了这种主义，人类社会就不安宁了"。其后成立的国际联盟尽管高呼公平正义与民族自决，实际上却被强权政治所操控。你们两位如何评价1919年的世界秩序以及国际联盟的历史角色？

潘基文：第一次世界大战被一些学者描述为是"一场结束了所有战争的战争"，实际上却并非如此。不过，由于一战带来的血腥伤亡令整个世界都为之胆寒，全球民意对战争的憎恶和担忧最终也开启了某种试图更好地管控国际竞争、协调世界事务的新努力——在硝烟和灰烬之中，国际联盟应运而生。然而，可悲的是，公平正义理念远未能真正实现，国际联盟最终无力也无法阻止20世纪另一场震撼世界的全球性冲突——第二次世界大战。

金垣洙：1919年是世界变革的重要节点，一方面殖民主义与强权政治不断反扑；另一方面遭受殖民压迫的民族和人民也开始奋力反抗。1919年3月1日，朝鲜半岛爆发了反抗日本殖民统治的"三一"运动。同年5月4日，中国爆发了抗议西方列强将德国在山东半岛的权益转让给日本的"五四"运动。恰在当时，美国教育学家杜威赴华讲学，他在一篇文章中认为"五四"运动源于中国人民对国际公平的渴望，但其最终无法从根本上改变现状，一个重要原因是学生们缺乏斗争经验，与其他社会阶层也未能实现力量整合。换言之，中国争取国际公平的关键问题，实际上在于人民没有被有效地组织起来，正如孙中山所言仍然是"一盘散沙"。我想这也是1921年中国共产党成立的历史动力之一。

姚遥：的确，中国共产党诞生于强权政治横行的时代背景。金垣洙副秘书长曾告诉我阅读过《习近平的七年知青岁月》一书，我记得其中有一段讲述习近平在陕北插队时，曾和一位党校老师探讨自己阅读党史的体会。他认为"五四"运动的爆发，不仅是国内矛盾集合与爆发的产物，而且是国际矛盾集合与"催化"的产物——世界依然是强权政治，中国被"世界所接纳"的希望彻底破灭。于是，中国民众——首先是先进知识分子与知识青年，在对西方阵营极度失望之余，将视线转向刚刚进行过十月革命的近邻苏俄。1919年"五四"运动的爆发与1921年中国共产党成立这两个政治事件，都与上述国际大形势以及民间舆情、民众情绪密切相关。怀着对国际公平的憧憬，至1945年二战结束，中国成为第一个在《联合国宪章》上签字的国家。然而由于联合国一度被一些霸权国家及其联盟操控，1949年新中国成立后又长期被排除在联合国之外，中国被"世界所接纳"的夙愿依旧面临着巨大阻碍。那么，如何看待联合国成立之初的历史局限？

潘基文： 1945年，全球民意都希望各国领袖能够最终从两次灾难性的世界大战中吸取教训。用《联合国宪章》的原文表述，成立联合国是"欲免后世再遭战祸"，因此才要寻求一条和平包容的发展道路。然而，1945年建立的以联合国为中心的国际条约和国际组织网络，在实践之中与上述目标仍然相距甚远。其实，实现这些良好目标的唯一途径只能是通过有效的多边主义，因此如果说联合国未能实现其既定目标，归根结底还是由于其成员国特别是一些大国未能有效履行多边主义的宗旨和原则。当一些大国将狭隘的国家利益或同盟利益置于整个国际社会的优先事项之上时，整个世界最终都会蒙受损失。

1971年中国恢复合法席位使联合国更具代表性

姚遥： 今年是中国恢复联合国合法席位50周年。1971年10月25日，联合国大会以压倒性多数通过了恢复中华人民共和国合法席位的决议。1974年4月6日，时任国务院副总理邓小平成为第一位在联合国大会上发言的新中国领导人，他代表中国政府庄严宣示：中国现在不是，将来也不做超级大国。如何评价1971年以来中国在联合国机制中的历史作用及其"永不称霸"的外交政策？

潘基文：今年是联大第2758号决议通过50周年，从那时起，中国与联合国的相互依赖逐步加深。半个世纪以来，中国支持多边主义，支持联合国的各项工作，作为安理会常任理事国承担着越来越重要的国际责任，在全球事务和地区事务中发挥着举足轻重的国际影响。2015年9月，习近平主席来纽约出席联合国系列峰会，我有幸代表联合国收到习近平主席赠送的一份特殊礼物——"和平尊"。我特别喜欢上面雕刻着的展翅高飞的七只和平鸽，我们把这份礼物放在联合国大厦的显要位置，因为它充分表明了联合国与中国所共同认可的价值取向——和平发展与公平正义。同时，它也向世界展示了中国人民对联合国工作的大力支持。

中国以自己悠久的历史文化、和平的发展理念影响了一大批国家，对联合国各项工作具有建设性贡献。作为安理会常任理事国，中国在缓解紧张局势、促进国际和平以及向世界动荡地区提供援助、斡旋冲突方面，发挥了举足轻重的作用，对联合国维和行动的贡献非常扎实和突出。2015年我担任秘书长期间，联合国在千年发展目标基础上又制定了可持续发展目标，我欣喜地看到中国已于2021年率先实现了几亿人口脱贫，为其他国家做出了榜样。在习近平主席的领导下，中国政府展现出了卓越的领导力，在应对气候变化方面表现出了坚强的意志，已经向国际社会示范了走低碳可持续发展道路和建设环境友好型社会的显著成效。

金垣洙：我想着重强调中国在恢复联合国合法席位之后对全球人文交流的重大贡献。我读过基辛格的专著，20世纪50年代和60年代，美国对中国实施贸易禁运，从1954—1970年，两国在并未建交的情况下于日内瓦和华沙举行了136次大使级谈判，其间中国多次提出恢复两国人文交流的建议，均被美国拒绝。1971年中美两国关系破冰后，毛泽东主席在与基辛格的一次会谈中提出，中国准备"将年龄不是很大的孩子们"送去美国学习。1974年夏，中国政府首次将4名中学生公派至美国纽约，其中有一位时年14岁的女孩名叫章启月——40年后，她成为中国驻纽约总领事。

我认为人民友好的重要意义，在于其有助于凝聚一种全球共识，有助于我们更好地理解他人和世界。1971年中美关系破冰时发生了举世瞩目的"乒乓外交"，今天我希望体育也能够帮助我们更好地实现相互理解。2018年韩国举行平昌冬奥会、2021年日本举行东京夏奥会、2022年中国举行北京冬奥会，4年时间里东亚三国分别举行一场奥林匹克盛会是前所未有的、有利于地区和平的历史契机。潘基文秘书长卸任之后被选为国际奥委会道德委员会主席，东京奥运会开幕前夕国际奥委会在"更快、更高、更强"的奥运格言之后加上了"更团结"，希望以此提醒我们全球团结的重要性。我希望中日韩三国也能够真正团结起来，为了成功举办奥运会分享经验。北京冬奥会明年2月就要开幕了，我充分相信它一定能够获得成功，将会充分展示中国的软实力与文化魅力，并通过促进体育和文化交流加强国际团结及多边主义。

姚遥：1971年占世界人口五分之一的中国恢复其联合国合法席位，这既是发展中国家在联合国实现联合自强、促进多边主义的结果和体现，实际上也最终促成了这一全球性国际组织的完整性和权威性。我们应该如何看待1971年以来发展中国家的崛起和国际秩序的变化？

潘基文：1971年中国恢复联合国合法席位后，发展中国家在国际组织中的声音和力量变得日益清晰有力，联合国的代表性也由此获得了增强。1978年9月12日，联合国通过了《促进和实施发展中国家间技术合作的布宜诺斯艾利斯行动计划》。我担任联合国秘书长期间，最终将 9 月 12 日确定为"南南合作日"。我认为，广大发展中国家为全世界集体进步作出了重大贡献，新兴市场国家和发展中国家崛起已经成为不可阻挡的历史潮流。

当前，全球发展的不平衡与不普惠仍在提醒我们，即便一些国家的经济收益越来越高，我们仍须努力确保实现富裕的机会能够获得更加公平的分配。正是在此意义上，南南合作具有在全球范围内促进平衡增长与公平正义的巨大潜力。在中国等新兴市场国家的引领下，南方国家正在建立新的发展合作模式，更加强调互利、互援和成本效益，帮助人们获得更加负担得起的药品、技术和信贷，促进世界各国在教育、卫生、能源和粮食安全等领域更大范围地分享专门知识。

金垣洙：我补充一点，近几年来中国在为发展中国家提供基础设施建设融资方面也发挥着重要作用，已经为地区乃至世界范围内致力于实现工业化的发展中国家带来益处。下阶段，希望"一带一路"倡议和亚洲基础设施投资银行能够在国际经济治理层面为打造合作共赢新模式作出新贡献，比如通过快速传播的信息技术和基础设施大大改善发展中国家的联网和联通能力，为交流经验、分享知识创造宝贵机会。

2021 年世界正站在抉择的十字路口

姚遥：今年是联合国历经四分之三个世纪后的一个新起点，又恰逢世界经历一场百年不遇的大变局。突如其来的新冠肺炎疫情揭示出，我们这个高度互联的世界又是非常脆弱的。你们二位如何看待百年未有之大变局的历史意义？

潘基文：的确，2020 年是联合国成立 75 周年，然而受疫情影响，世界各国领导人却无法齐聚一堂以资纪念，这确实是一个极大的讽刺。作为世界上最重要的国际组织，联合国诞生于一场人祸——第二次世界大战的废墟之上，体现了战后全世界人民希望子孙后代能够免于他们所经历和目睹之痛苦的强大决心。75年来，联合国虽仍不够完善，但也是举世无双的，成为抵御另一场世界大战的坚固堡垒。然而，新冠肺炎疫情的大流行给这个世界上最重要的多边机构带来了严峻挑战——我认为，这一挑战是联合国迄今为止所面临的最大挑战。

此次疫情危机给了我们异常严峻的提醒：人类是被共同的纽带联系在一起的，但是这一纽带又是极其脆弱的。如果我们不能重建团结意识并采取集体行动，如果我们无法应对这一流行病以及其他全球性威胁，我们将愧对那些病毒受害者，辜负全世界人民对我们的殷殷期望。在这个疫情蔓延和气候变化等全球性危机肆虐的特殊时刻，我们对和平与繁荣的追求不仅应该基于各国当前的政治实践，而且应该基于世代相传的人类智慧与文明成果。中国古代先贤说"仁者爱人"，新冠肺炎疫情的教训之一，恰是一些国家忽略了人的健康保障与环境安全，忽视了全面与可持续发展的重要意义。全球健康和公共卫生资源长期投入不足或分配不均，使一些国家在疫情面前措手不及、捉襟见肘，不仅造成生命和健康的巨大损失，也使经济发展和社会生活陷入严重危机。

金垣洙：新冠病毒像海啸一样以惊人的速度席卷全球，这个看不见的浩劫制造者正在对世界产生自二战结束后从未出现过的巨大影响。如果我们不能提供充足有效的疫苗接种和治疗新药，这一形势对各国经济和社会的影响将非常严重，并可能引发更加严重的全球性衰退。最坏的情况是，疫情会把整个世界推向20世纪30年代那样的大萧条时期。因此，我们要尽一切可能防止最坏的情况发生。这是一项巨大的挑战，但是如果我们携手合作，是可以战胜它的。在这个高度互联和相互依存的时代，互相帮助不是施舍别人的慈善，而是对自己负责任的投资。如果我们不帮助他人抵御病毒，病毒很可能会再次袭击我们自己。世界正站在抉择的十字路口，我们只能选择对人类共同命运有利的前进道路。

姚遥： 其实在新冠肺炎疫情暴发之前，世界已经面临着经济危机、气候变化等一系列共同威胁。面对种种全球性挑战，我们应该如何践行真正的多边主义？

潘基文： 全球发展正面临巨大的不确定性，我们有必要重新审视国际秩序。疫情对世界的负面影响是长期且复杂的。由于人们担心感染病毒，世界可能会出现更多种族主义和排外现象，此类恶劣行径对遏制病毒蔓延毫无帮助。面对危机和挑战，我们大家必须更加团结。

我呼吁尊重多元文化，没有任何一种发展模式适合所有国家，各国都必须选择适合自己的可持续发展和公平正义之路。姚遥和我一样曾作为东亚留学生在哈佛大学学习，我们共同的老师傅高义教授于2020年末不幸逝世，我们永远不会忘记他在课堂上不断强调的东西方文明交流互鉴的重要意义。每一个国家都有不同的历史、不同的民族、不同的经济社会发展水平，最重要的就是我们必须要彼此理解、携手共进。因此，我同意习近平主席的观点，即在当今这个日益互联互通的世界上，没有哪个国家能够独自应对人类面临的各种挑战，也没有哪个国家能够退回到自我封闭的孤岛。事实上，单边主义或强权政治不可能是新冠病毒、水火灾害、网络攻击、气候变化或其他任何非传统安全威胁的有效对手。面对全球性问题，没有一个国家能够独善其身，无论中国或美国，都不可能独自解决所有问题，必须团结一致把所有资源和智慧集合在一起。总之，我们亟需的是一个以多边主义、伙伴关系、文明对话和可持续发展为基础的解决方案。

金垣洙： 我们的世界正面临各种各样的共同危机，需要国际社会携手前行、共克时艰。在这方面，我想特别强调大国的关键作用。

我注意到中国对于"大国"的定义迥异于西方国家的"强权（Great Power）"，而是强调"大国（Major Country）"在客观上具有更大实力、在主观上不应强加于人。在应对全球性危机时，大国应该如何自处？我认为中国的做法可资借鉴。第一，中国相信大小国家一律平等。第二，中国一贯支持联合国作为世界上最具权威和公信力的政府间国际组织，在协调国际事务时发挥有效作用。第三，中国认为与其谈"领导"不如谈"责任"，大国拥有更多的资源和能力，应该承担更多责任、作出更大贡献。我希望中国所推进的大国外交在构建新型国际关系的历史进程中继续发挥积极作用。

展望未来我们需要创造一个更加关注"人"的世界

姚遥：2015年9月，习近平主席在人民大会堂会见潘基文秘书长时，强调中华民族注重"和"的理念，主张和平、和谐、和而不同。2020年11月，金垣洙副秘书长曾经服务的联合国大会裁军与国际安全委员会（联大一委）表决通过了"不首先在外空部署武器"的决议，人类命运共同体理念继2017年后又一次被写入联合国决议。你们两位如何看待人类命运共同体理念？

潘基文：我担任联合国秘书长期间，中国从提出"一带一路"倡议、成立亚投行到举行二十国集团领导人杭州峰会，不断彰显人类命运共同体理念在促进国际公平正义、创造世界美好未来方面所发挥的引领性作用。随着中国不断取得令人瞩目的进步，国际社会对中国的期望也在日益上升。我现在已经卸任联合国秘书长，但仍在为应对气候变化等可持续发展危机和全球性共同挑战奔走呼号、努力工作，希望中国继续为联合国事业与可持续发展目标作出更多贡献，不负国际社会对中国的殷殷期望。

金垣洙：希望"一带一路"倡议能够成为体现中国愿与世界各国分享经验、合作共赢的典范和例证。期待习近平主席在联合国提出的构建人类命运共同体的愿景能够在世界各国的齐心协力之下早日成为现实。

姚遥：习近平主席2018年4月在会见潘基文秘书长的继任者古特雷斯时指出，不论是国内治理、还是全球治理，都要以人民的获得为目标，我们所做的一切都是为人民谋幸福，为民族谋复兴，为世界谋大同。回首过去，支持联合国发挥作用，维护联合国权威和地位，是中国外交的一项基本政策。由于种种原因，70多年来联合国的各项机制不乏力匮之处，《联合国宪章》宗旨和原则并未得到完全彰显，国际关系中种种不公不义的现象仍时有发生。但我们不能因此说以联合国为核心的国际体系过时了，问题恰是《联合国宪章》宗旨和原则未能得到一些国家的认真履行；也不能说经济全球化是错误的，只能说某些强权国家与利益集团从少数人立场出发，为经济全球化设定的目标和路径是错误的。面对这样一个尚未尽善尽美的世界，我们应该期许一个怎样的未来？

潘基文：我们需要创造一个更加关注"人"的世界，一个能够解决普通人急难愁盼问题的新世界，一个更加正义、更加安全、更加众生平等的新世界。

金垣洙：我们需要一种根本性的范式转型——解决眼前危机的雷霆手段必须与更加长远的人类视野相互匹配，唯此我们才能憧憬并真正迎来一个更加以人为本、更加群体导向、更加顺应自然的美好未来。

图书在版编目（CIP）数据

世界怎么办？：共话人类命运共同体／"世界怎么办？——共话人类命运共同体"编写组编著． -- 北京：外文出版社，2022.11
（读懂中国）
ISBN 978-7-119-13278-5

Ⅰ．①世… Ⅱ．①世… Ⅲ．①国际关系－研究 Ⅳ．① D81

中国版本图书馆 CIP 数据核字（2022）第 210958 号

出版策划：国家创新与发展战略研究会
出版指导：陆彩荣
出版统筹：胡开敏

责任编辑：陈丝纶
特约编辑：辇玮萍　钱品颐
装帧设计：柏拉图创意机构
印刷监制：秦　蒙

世界怎么办？
共话人类命运共同体

赵建国　主编

ⓒ 外文出版社有限责任公司
出　版　人：胡开敏
出版发行：外文出版社有限责任公司
地　　址：中国北京西城区百万庄大街 24 号　　邮政编码：100037
网　　址：http://www.flp.com.cn　　电子邮箱：flp@cipg.org.cn
电　　话：008610-68320579（总编室）　　008610-68996177（编辑部）
　　　　　008610-68995852（发行部）　　008610-68996183（投稿电话）
制　　版：北京杰瑞腾达科技发展有限公司
印　　刷：北京盛通印刷股份有限公司
经　　销：新华书店／外文书店
开　　本：700mm×1000mm　1/16　　印　张：15.25　　字　数：200 千字
装　　别：精装
版　　次：2022 年 11 月第 1 版第 1 次印刷
书　　号：ISBN 978-7-119-13278-5
定　　价：80.00 元

版权所有　侵权必究　如有印装问题本社负责调换（电话：68995960）